中华远古文明之谜

陈雪良　著

文匯出版社

目　录

本土抑是外来

中国人起源之谜

轰然一声，曾经“草木皆兵”的八公山被采石的民工炸开了一个又一个口子，从层岩中崩出无数珍宝。考古学家冒着滚滚的硝烟，抢出了一颗形状完整的300万年前的古牙，从而解开了在这块古老土地上世代生息的中国人起源之谜。

这是一片古老而神异的土地。

它位于欧亚大陆的东方，西部有世界屋脊帕米尔高原，西南有青藏高原和喜马拉雅山，西北有阿尔泰山，北部有蒙古戈壁沙漠，东北有兴安岭和长白山，东边和东南为海洋所环抱。大山、大海、大戈壁，把这里阻隔成一个相对独立的地理单元。在这地理单元的内部，有东流万里的大江、大河，有沃壤千顷。

在这片古土上，在1.45亿年前，曾经盛开过地球上最早的花朵——“中华古果”。当这“最早的花”的图像绽放在美国权威的《科学》杂志的封面上时，整个世界都为之惊叹。

在这片古土上，在1.3亿年前，曾经活跃着角龙家族的早期代表"辽宁角龙"。当"中国龙"的图像在同样权威的英国《自然》杂志上露面时，地球上早期生物演化的奥秘也随之"浮出水面"了。

这片土地上原始生存状态的植物、动物，现在似乎已无人怀疑了，可是人呢？在这块土地上生存、繁衍的人呢？似乎长久以来还是一个谜。

分子人类学的研究表明，人类不是从某一种古猿直接演化而来的，而应是某种人猿超科不断分化的结果。而这种人猿超科的化石最早发现于非洲。最著名的是在东非发现的能人，年代达 200 万年以上；在埃塞俄比亚阿法尔地方发现的石器则达 260 万年。于是，人们就"武断"地认为人类起源于非洲，最大的可能是东非。

中国人呢？差不多半个世纪来，学界众口一词地认为发源于非洲。一些人还凭主观臆断虚构出这样的一幅"迁徙图"——人类中的一支从非洲来到了亚洲的东南部，又从亚洲东南部迁徙到中国的南方，再越过长江到达了中国的北方。

中华古土上的大宗大宗的考古发掘，从北京猿人，到元谋猿人，到蓝田人，一次又一次地对外来说提出了质疑，但是，长期以来，在中国人起源问题上还是混沌一片。

人类基因科学兴起以后，一些科学家试图用基因科学的理论来解决中国人的起源问题。复旦大学遗传学研究所、国家人类基因组南方中心金力教授带领的研究小组，从遍布全国的 120 个群体中，抽取了12000个人体样本进行分析，样本包括北至黑龙江鄂温克族、西到维吾尔族、东到台湾高山族、南到云南的人们，通过对 Y 染色体及线粒体 DNA 的检测，再与从古代人骨中提取的 DNA 对比，得出的结论是：中国人可能起源于非洲。

可是，就在上述论断发现不久，一颗 300 万年前的人类古牙化石在中国淮南的八公山地区被发现了。中科院古脊椎与古人类研究所的研究员金昌柱，冒着滚滚硝烟，从民工开山采石的两次放炮间隙中，火中取栗般地“抢”出了这颗形状完整的古人类牙齿化石。金昌柱教授欣喜若狂，千里迢迢赶到南京大学做同位素测定，但此中放射性元素实在太少，测出的结论是：“至少100万年前！”金昌柱请来搞同位素测定的“龙头老大”美国明尼苏达州实验室的专家，可因为年代太久远，还是测不定。金昌柱还是不甘心，他亲自带领研究人员到八公山区去挖掘，终于在牙齿的同一地层里，找到了科氏仓鼠遗骸，这是全世界学术界公认的只出现于300万年前上新世晚期的“标准化石”。这样，古牙的时间铁定了：300万年至350万年。

这一颗古牙使人们有足够的理由相信：在300万年前，八公山区枝叶摇绿，果实飘香，万物繁衍，而我国远古最原始的祖先就生息在其间。

据此，金昌柱教授认为：“就在中国，我们发现过几千万年前的森林古猿；发现过元谋、龙骨坡这些约200万年前的能人；发现过北京人、郧县人等距今几十万年的直立人，还发现距今二三万年的智人——巢湖人、富林人。唯一缺的，就是300万至500万年间，猿向人转化这一时期的南方古猿化石。这颗300万年前的古牙正好填上这个空，中国人起源就纵线贯通了，‘非洲起源’就难以自圆了。”

对于以基因实验来判定人类起源，金昌柱教授表示也不敢苟同，他认为：“人体内的基因序列多达30亿，只抽出其中个别片断加以分析，不过是亿分之一的概率，不足为凭。况且以古人类遗留下来的工具看，亚洲比同期非洲要落后得多。难道走出非洲的人只继承了其内在的基因，却把外在的工具制造技能全还给了老祖宗？显然，那是不可能的。”

人们在人类起源上，正在一步一步地走向真理，但就总体而言，它仍然是一个谜。白寿彝教授主编的《中国通史》认为:“要探索人类的起源,非洲和亚洲是最有希望的地区,其中也包括中国在内。因此,有人提出中国(特别是中国西南地区)是人类起源的摇篮之一,并不是没有一些道理的。”

“我从哪里来?”

盘古开天辟地之谜

“我从哪里来?”这是每一个处于童年期的孩子心中的一个谜。而处于人类社会童年期的远古的人们,他们思考的是作为万物之灵的人类的起源问题。远古的先民们是难以直面这一问题的,他们只能用编织美丽的神话故事的形式来试加回答。盘古开天辟地的故事正是众多答案中最出色最迷人的一个。

盘古开天辟地的故事,在我们国家是家喻户晓的,也屡见于史乘。盘古故事虽兴于汉,盛于三国,而其思想源流却来自远古,可以说是远古的人们对自身的来源、生存、发展,乃至价值的一种索解。《艺文类聚》卷一引《三五历纪》中有一段话:

天地混沌如鸡子,盘古生其中。万八千岁,天地开辟,阳清为天,阴浊为地。盘古在其中,一日九变,神于天,圣于地。天日高一丈,地日厚一丈,盘古日长一丈,如此万八千岁。天数极高,地数极深,盘古极长,后乃有三皇。数起于一，立于三，成于五，盛于七，处于九，故天去地九万里。

著名学者袁珂在《中国神话传记词典》中称上面一段文字“颇具哲理化意味”。不错的，其中的确含有诸多哲理化的意味。略加分析，至少可以得到三点启示：其一，这里讲到了天、地、人。作为开天辟地的人（盘古），它的存在是不能离开天与地的。“盘古生其中”、“盘古在其中”，显然，这里不只是一个方位的概念，而且还是一个包容的概念，就是说，这里承认了一个事实，人只能生存和生活于天地之间，离开了天地这一生存环境，人就失去了生存和生活的依据。其二，所谓“神于天，圣于地”，讲白了，就是得天之神韵，得地之灵气。“人”怎么从混沌走向清明，从根本上说就要从天地（大自然）中吸取养料，这话也是很富于哲理的。其三，与天地俱进的观念。在这段话中，表现得十分清楚的思想是，天是变的，地也是变的，人是随天地之变而变的。“一日九变”，这里说的变，就是发展，就是成长。

“我从哪里来？”盘古开天辟地的故事是在告诉人们，“人”从天地中来，就是说，人是大地之子，人是上天之子，“经万八千岁”——实际上是更久长，“人”渐渐地变而为真正的“人”。

比上面这段话更积极更有价值的是民间的传说。明代周游著的《开辟衍绎通俗志传》第一回这样写来：

（盘古氏）将身一伸，天即渐高，地便坠下。而天地更有相连者，左手执凿，右手持斧，或用斧劈，或以凿开。自是神力，久而天地乃开。二气升降，清者上为天，浊者下为地，自是而混茫开矣！

这里真正说到开天辟地了。自然给予盘古的那个天地原先并不是十分完满的，需要盘古去加以改造。盘古的“将身一伸”、“或用斧劈，或以凿开”，正是这种改造活动的具体表现。再说，这里说的改造活动也不是凭一时之勇，它要求盘古坚持不懈，久久为功，即所谓的“久而天地乃开”。正是这种改天换地、战天斗地的精神，使盘古在人们的心中的形象高大起来。一些专家指出，从一定意义上讲，“盘古代表着上古人群体的形象”，那是一点不错的，中国人津津乐道于盘古，自以为是盘古氏的后代，道理也正在于此。

更为有趣的是，盘古的形象是天人合一的。盘古生于天地间，一旦死去，又回归于大自然，化成为大自然中的一部分。《绎史》卷一引《五运历年纪》：

> 首生盘古，垂死化身，气成风云，声为雷霆，左眼为日，右眼为月，四肢五体，为四极五岳，血液为江河，筋脉为地理，肌肉为田土，发髭为星辰，皮毛为草木，齿骨为金石，精髓为珠玉，汗流为雨泽，身之诸虫，因风所感，化为黎甿。

这段描述应当说也是“颇具哲理化意味”的。盘古之生，乃“神于天，圣于地”，从天地中汲取精华，壮大和发展了自己，而一旦至死，又会全数回归于天与地，化成大自然间的风云，雷霆，日月，江河，地理，田土，草木，金石，珠玉，雨泽。这是最完整、最彻底的回报。这可能是远古人类对人与自然关系的最朴素也最真切的理解了。

这些年来，对盘古形象的研究渐趋旺势，认识上也各各不同。归结起来，一为“外来说”，二为“本土说”。

“外来说”认为，盘古形象来自境外。有些专家认为，印度古经典《黎俱吠陀》载，宇宙间万物都是“大人”创造，盘古氏实际上是从“印度大人”演变而来。还有专家说，盘古是巴比伦巴克族(Bak)之名的音译。而大多数专家则认为盘古是中华这块古土上土生土长的，是我们民族远祖的某种形象的活的描摹。

有专家指出，盘古大神从远古土地神“亳社”转化而来。“亳社”是山川万物的造物主，是无所不能的，盘古亦如此。“亳”转音为薄、蒲、蕃、潘，双音则为薄姑、蒲姑、蕃吾，又可转音为盘瓠、盘古。盘古既为土地神，那么，他能通于天人之间也就没有什么奇怪的了。

另有专家指出，盘古即传说中的盘瓠。《搜神记》卷三：“昔高辛氏时，有房王作乱，忧国危亡，帝乃召募天下有得房氏首者，赐金千斤，分赏美女。群臣见房氏兵强马壮，难以获之。辛帝有犬字曰盘瓠，其毛五色，常随帝出入。其日忽失此犬，经三日以上，不知所在，帝甚怪之。其犬走投房王，房王见之大悦，谓左右曰：辛氏其丧乎！犬犹弃主投吾，吾必兴也。房氏乃大张宴会，为犬作乐，其夜房氏饮酒而卧，盘瓠咬王首而还。……帝乃封盘瓠为会稽侯，食会稽郡一千户，其后子孙昌盛，号为犬戎之国。”《后汉书·南蛮西南夷列传》所记也略同。当然，许多专家早已指出，文中所言“犬”并非真是一只狗，而是以“犬”为图腾的某一部落或部落联盟，他带领自己的部属，帮助高辛帝(即中原地带的部落联盟首领)平定了房王(另一部落联盟首领)的叛乱，于是受到高辛帝的褒奖，创建了后来的所谓“犬戎之国”。如果那样，盘古则是“南蛮”的祖先了，这也是合情合理的。

还有些专家以为，盘古实际上是龙文化的象征，是中远古文明的象征。《广博物志》卷九引《五运历年纪》云：“盘古之君，龙首蛇身，嘘为风雨，吹为雷电，开目为昼，闭目为夜。死后骨节为山林，体为江海，血为淮渎，毛发为草木。”如果这一记述无误，那么“龙首蛇身”的盘古无疑是中原远古祖先的化身了，从其呼风唤雨的本领来看，他是远古时代一个首领级的人物无疑了。

远古神话传说是对混沌时代的一种朦胧的追忆，它虽然有着太多夸大和扭曲的成份，但如果我们能用心吹去覆盖在远古史实上的厚厚沙土，那么，由此而追寻远古祖先的某些踪迹还是可能的。我们从盘古形象中，还是看到了我们远古祖先勤奋、勇敢、大度、洒脱的品性嘛，而这些正是盘古的子孙们所应该承继和发扬的。

人猿相揖别

巫山人元谋人之谜

巫山云雨，迷迷忽忽。巫山女神，若隐若现。巫山，这个地方本身就是一个谜。在上个世纪 80 年代，在这谜一般的地方，考古学家在巫山县庙宇镇龙骨坡终于发现了距今 204 万年更新世早期的古人类化石，撩开了巫山这块宝地神秘面纱的一角。哦，人们终于明白了，中华人的远古祖先就是在这块带有神秘色彩的土地上，迈出了从森林走向草地的关键一步的，完成了与猿类作别的最后一揖。

巫山，横亘于四川、湖北两省的边境，北与大巴山相连，远远望去，活脱脱是一个大写的“巫”字，于是，人们就自然而然地称之为巫山了。长江在巫山间穿行，这就形成了举世闻名的长江三峡。

绚丽的长江三峡，不仅以其迷人的自然风光闻名于世界，而且以蕴藏着极其丰富的古代文化而震撼中外。

世界著名的东非大裂谷，谷底为河湖沉积发育，有着丰富的人类化石、文化遗存和哺乳动物的化石，是科学家们探寻人类起源奥秘的理想处所。无独有偶，长江三峡与东非大裂谷一样同属世界范围内造山运动活跃时期的产物。两地虽然地隔万里,但有着惊人相似的地形、地质、地貌结构。长江三峡地区海拔高度适中,气候温和宜人,雨量充沛,森林茂密,溶洞星罗棋布。这里,应该是古人类繁衍的理想处所。

人们寻觅着。

世界各国的考古学家、人类学家,都先后云集于三峡,希望在这里有所发现,发现从猿走向人的踪迹。其中有英国的欧文,美国的古生物学家格兰,他们到三峡地区作了考察,并发表了作品,但没有发现中国最古人类的化石。幸运没有降临到这些国外的考古学家的头上。

幸运终于降临到了一支年轻的中国考古队的头上。经过苦心的开掘,上一个世纪的80年代,考古队员终于在三峡地区巫山县庙宇镇龙骨坡发现了距今204万年更新世早期的古人类化石,包括含有两颗臼齿的下颌骨一块,新生出的恒门齿一枚。

考古队员们欣喜异常,将这里发掘出来的古人类化石命名为巫山人。

现在,幸运的巫山人的后代可以对自己的远祖"巫山人"展开尽情的、天马行空式的想象了。

也许是在200多万年前气候发生突变的缘故吧,茂密的森林变得稀疏了,垂手可得的树头的果子不见了。一群原先在树头鲜蹦活跳的猴子面临着从未有过的生存的危机和死亡的恐惧。

怎么办?怎么办?怎么办?

也许,绝大多数的猴子为了保守"祖宗章法"而坚持在树头。结果,等待着它们的只能是一场悲剧。

也许,有少数的猴子试探性地跳下了树头,走向了空间更加广阔的草原。

正是由于这关键性的一步的迈出，现在被人们称为“巫山人”的那一群猴子发生了历史性的变化——过去在树头生活，活动的方式当然是爬行和攀缘，到了草地上，为了观察和探视，必须直起身子行走；当年在树头植物的鲜果垂手可得，而现在必须利用工具去追杀比自己弱小的生灵，或者想方设法去采撷果实；过去常年寄居于树头，过着“有巢氏”式的生活，现在必须利用三峡地区星罗棋布的溶洞，过洞天福地的新生活。……

事实证明，这一切真的发生了。

在“巫山人”当年居住过的溶洞中，我们发现了他们尸骨的化石，同时，也发现了足以证明他们已经由猿变成人的粗糙的打制石器，发现了他们食用过的、后来基本消亡了的116种哺乳动物尸骨的化石。

或许是同时，或许是稍后，迈出这样关键一步的还有远在云南省北部云南盆地的“元谋人”。这是滇中高原上一个最低的盆地，海拔在1100米上下。上个世纪的六十年代，中国地质科学院的几位地质工作者，在元谋县城东的上那蚌村附近的一个山麓小丘上发现了两颗化石积度很深的人的门齿化石。这是同一个成年男性个体的牙齿，一为左上内侧门齿，一为右上内侧门齿。经鉴定，这是生活在170万年前的“元谋人”的牙齿。这就告诉我们，170万年前，这里的猿群中的一部分也发生了历史性的变化，走上了“人化”之路。

科学证明，“元谋人”是从纤细型的南方古猿演变而来的。由于自然界的剧烈的变故，他们艰难地从树居生活转向了地面生活。他们既要顺应自然，还得利用自然界的物体，如树枝或石块作“工具”，以获取必要的生活资料。工具渐渐成了他们不可缺少的生存手段。在出土元谋人牙齿的同一地层中，考古工作者找到了打制的粗糙而简单的石器工具。《中国百年考古大发现》一书的编者胡尔克说得

巫山猿人化石发现地点

元谋猿人化石地点发掘现场

好:“认识了某些工具的性能,进而有意识地选择有利于达到自己目的的自然工具,这就已由猿的范畴进入了人的时代了。制造工具是区别人和猿的根本标志。只要能利用一块石头把另一块石头打制成工具,不管这工具多么原始、简单,它就标志着由猿进入了人类的时代。”

同样的进程在其他一些地方也在进行着。2002 年 5 月,在南京召开的有中外百位著名人类学家参加的双沟国际科学考察年会上,中科院向新闻界通报说,李传夔教授在双沟松林村村东南处化石地点发现一件至今在亚洲时代最早的长臂猿化石,上面仅保留三颗臼齿,其性状完全不同于非洲、欧洲和亚洲其他地区发现的长臂猿。这种长臂猿是后来的“双沟人”的远古祖先,生活在距今1000多万年前。在双沟,后来又发现了江苏境内最早的双沟下草湾古人类化石,与北京周口店山顶洞人十分相近。专家们结合新近在双沟发现的古动物群化石作出惊人的新推测:双沟发现的长臂猿与北京猿人之间有着某种亲缘关系,而双沟下草湾人又是北京猿人的后裔。也许是历史的某种机缘,双沟长臂猿的后代子孙到北方兜了一圈以后,重又回到了地处江苏双沟的老家来了。考古证明,双沟地区在历史上也发生了从森林环境向草原环境的转化,双沟人顺应了这种转化。由此,我们完全可以得出这样的结论:江苏双沟是人类起源中心之一,一部分猿类(可能是双沟醉猿、江淮宽齿猿和人猿超科未定种中的一种)在这里完成了“从猿到人”的伟大转化。

一切的一切都在证明着,人类起源的中心是多元的,中华古土本身就是人类的发祥地之一。

熟食、御寒、照明

"北京人"用火之谜

一些科学家认为,人类用火的历史起于旧石器时代中期,即欧洲的莫斯特文化期,据此,他们不承认处于旧石器时代早期的"北京人"能使用火。直至新世纪的第一个年头,还有位国外考古学家在美国的《科学》杂志上著文对"北京人"用火提出质疑,认为"那里的任何火焰都不是人手点燃的"。可是,"北京人"遗址内厚达几十厘米到几米的灰烬层,燃烧过的朴树子、木炭、烧石、被烤的石器、烧过的鹿角和各种动物骨骼,都用无声的语言雄辩地告诉着后世的人们:"北京人"已经完全学会了用火。

"北京人"的发现,真正可以称得上是世纪大发现。

1929年,时年25岁的中国古人类学家裴文中主持起了北京房山县周口店的考古发掘工作。在发掘中,他惊喜地得到了一个完整的北京猿人头盖骨化石,一下震惊了全世界。要知道,在当时,全世界所有旧石器时代的人类遗骨,只有"爪哇人"、"尼安德特人"和"海德堡人"。

1936年,北京周口店地区的发掘达到了高潮。中国另一位著名古人类学家贾兰坡主持的发掘活动,接连发现三个较完整的人类头盖骨化石,又一次使世界为之震惊和激动。

从地下发掘出的石器及动物化石可以推知,"北京人"生活在这样一个环境中:当时的周口店一带草木繁盛,有着大量的湖泊和沼泽。在湖泊和草原上,生活着种类繁多的动物和植物。我们的"北京人"经常靠捕猎水牛、羚羊等动物为生,偶尔也能捕猎到剑齿虎和其他大型动物。除此之外,许多植物的根茎及果子也是他们的食物来源。

如果将"北京人"的遗骨加以复原,他们的相貌大致是这样的:前额平低,眼眶上缘有两个互相连接的粗大眉骨,像屋檐一样遮盖着眼睛。脑壳很厚,大约比现代人厚一倍。脑容量平均为1000多毫升。他们的肢骨已具有现代人的形状了,在使用上臂时几乎和现代人一样运用自如。他们的下肢虽然还有些屈膝,但已经能直立行走了,甚至可以快速地奔跑。

那么,"北京人"是怎样生活的呢?尤其要紧的是,他们能不能使用火呢?

为了解开这个谜,科学家们做了大量的工作。在采集"北京人"用火遗迹过程中,人们看到了厚达几十厘米到几米的灰烬层,看到了烧过的朴树子、木炭、烧石、被烤的石器,看到了烧过的鹿角及其他各种动物骨骼。朴树子被烧后呈灰白色;烧石和被烤的石器上布满龟裂纹和斑驳的痕迹;烧过的鹿角有裂纹;烧骨数量最多,除与烧过的鹿角一样有多种色泽外,还有发出蓝色和蓝绿色的。通过这些,我们大致作出这样的结论:

其一,"北京人"估计还没有能力摩擦生火,但他们懂得引进自然火种。引进自然火种所用的燃料有:大量的草本植物,此外还使用树枝作柴,带有油脂的兽骨也常用来作为燃料。

用火追逐野兽图

用火照明取暖图

其二,“北京人”不仅懂得引进自然火,还懂得控制火、保存火。“北京人”居处的灰烬不断增加,在第四层灰烬厚度达到4米,这已经足以说明他们能够控制和保存火了。

其三,“北京人”使用火的一大成果是熟食。大量朴树子的发现,本身就证明他们在烤食植物种子。被烤黑了的各种动物骨骼更是证明他们将肉食品也烤熟了才吃的。当然,火除用以熟食外,还可用以御寒、照明,洞口点上火,还可用以防御野兽侵袭。

“北京人”用火的被证实,一下把人类用火的历史提前了几十万年。

可是,在种种证据前,还是有人提出异议。有人从洞穴的一个角落里采集到少量样品,说明这仅仅是自然火,不是保管和使用的火。

为了证实北京猿人的确会使用火,从2001年10月开始,中国科学院广州地球化学研究所沈承德等人另辟蹊径,利用地球化学方法——元素碳进行使用火的研究。火燃烧后都会留下某些“蛛丝马迹”,除了常见的碳屑外,还有碳丝、微晶石墨和炭黑等,这些都属于游离碳,肉眼一般看不见,通常被人统称为“元素碳”,元素碳极易和其他颗粒物相互吸附在一起。沈承德认为,“元素碳可以作为一种示踪剂,来显示北京猿人究竟是否用过火”。

研究的结果显示:所鉴定的大部分土样和动物骨头的碳含量都比较高,比天然火燃烧要高出1到数个数量级。沈承德长期在瑞士进行古人类学术研究,看到实验显示后说:“这么高的浓度,只可能是就地产生,很可能就是‘北京人’用火后留下的。”

中国科学院院士刘东生对这一研究方法给予了高度的评价,他指出:“对于周口店猿人地点用火遗迹的研究,元素碳可能是一种最为有效的方法。”

恩格斯认为，人类学会使用火，是比蒸汽机的发明更伟大的事件。这样看来，“北京人”仅此一项，其对人类的贡献就非同一般了。

扑朔迷离

“北京人”神秘失踪之谜

1941年，“北京人”的化石被分装在两个木箱内准备运往美国。12月5日，装有“北京人”化石的专用列车驰往秦皇岛，打算在那里送上一艘美国定期航轮哈里逊号。但是，此计划未能实现，当天日军迅速占领了包括协和医院在内的美国驻北平机构，专用列车也在秦皇岛被截。从此，“北京人”化石销声匿迹，成为半个多世纪以来人们心头的一个谜。

从1918年3月瑞典著名地质学家、考古学家安特生骑着毛驴第一次到周口店进行考古，到1937年7月因日本发动侵华战争而周口店被迫停止考古发掘，其间经历了20个年头。在这20个年头中，周口店向世界提供了最为丰富且有一定系列的实物资料，其中包括具有极大价值的“北京人”头骨化石。

停止发掘以后，考古学家们集中精力着手对文物进行修理和研究。当时，大宗的重要资料都存放在美国人主持的协和医院内，暂时没有受到日本人的滋扰。

到了1941年，中国的抗日战争进入了关键的阶段，由

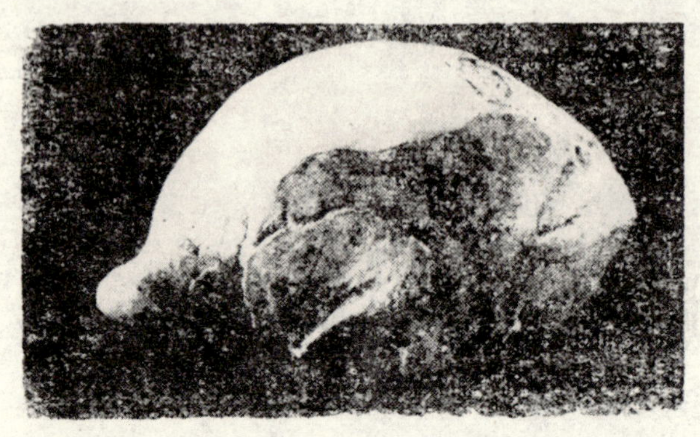

北京人头盖骨,1966年周口店出土

于利益上的冲突,日美关系也紧张了起来。协和医院对中国考古研究者们提供的保护到底能维持多久,也成了问题。而一旦日美发生冲突,势必会殃及周口店考古20年来所获的宝贵资料。

中国的考古学家贾兰坡在日益紧张起来的气氛中想到了自己应该为保护这些科学财富尽些义务。他首先考虑到的是如何不使周口店"北京人"遗址的平面图和剖面图失落。他完全清楚,这些图如果失落,过去所有发掘出来的标本将会失去层位依据而造成混乱,后果不堪设想。贾兰坡使用细软的薄纸,将原图缩小复制,当作"手纸"携带回家。干了两个多月,终于在日本人的眼皮底下"盗"完了这些珍贵的图纸。

形势还在恶化。

为了保证这些珍贵文物不受损坏,中国地质调查所所长翁文灏同北京协和医院行政委员会负责人开始商谈妥善处理办法。最后决定由中国新生代研究室主任裴文中负责对文物进行装箱,然后移交北京协和医院总务长博文,由他送往美国驻华使馆,然后启程运往美国。

装箱很仔细,化石均经多层包裹,以防颠簸损坏。在化石盛装盒外面注明了化石名称及所属部位。所有化石(包括极为珍贵的5个“北京人”头骨)共装了一大一小两个木箱,装好封闭后,被送往博文的办公室。装箱时还开列了详细的清单,贾兰坡手上留有一份副本。

清单上的化石几乎包括周口店发掘的全部精华,其中包括5个北京猿人头骨化石和“山顶洞人”的全部资料,还有北京猿人下颌骨13件。

北京猿人复原像

可是,这一切都在日本军国主义者的暗暗监控之下。

1941年12月5日,装有“北京人”化石的专用列车启程,驰往秦皇岛,打算在那里送上一艘美国定期航轮——哈里逊号。

第三天,日本舰队偷袭了美国军港珍珠港,太平洋战争爆发,美国对日宣战。

日本迅速占领了美国在华设立的各种机构,协和医院也未能幸免,连那列载有“北京人”的化石列车,也在秦皇岛被日军截获。“北京人”化石在战乱中悄然出世不久,竟又在硝烟弥漫的年代里神秘失踪了。

“北京人”化石失踪的消息传出后,不仅中国学界和民众为之震惊,世人也为之瞩目。许多国家的人士竞相搜寻有关“北京人”化石的消息和传言也时时见诸报端,但大多荒诞不经。在进行搜寻的国家中,日本显得特别的起劲,日本军人、学者、特务都参与其间。

此后,对“北京人”化石的寻找工作始终没有停止过,世界各国报刊时有报道，也时有传言蜂起，过后又一一被否定。直到20世纪80年代以后，寻找“北京人”化石的热潮才渐渐平息下去。但有关种种猜测和传闻，仍久盛不衰，至今引起人们浓厚的兴趣。

石头和骨头

原始的狩猎者之谜

人类学家作出了这样形象而妙趣横生的比喻：原始人类生活的整个更新世，人们不断沿着一条石头和骨头的踪迹前进。石头，人类手中的武器。骨头，人类庖厨的垃圾。石头在数百万年的时间里一直帮助着人们为猎取各种动物类食物而战斗，维持着自己的生存。

人类的生存和发展是依存于石头的。如果说人类有着300万年的发展史的话，那么，用石头来防身，用石头来猎物，至少占据了290万年的时间。而石器之外的骨器、陶器、铜器的出现，最多只有一万年。事实上，骨器、陶器、铜器、铁器出现以后，石器仍然存在着。看来，石头要与人类相始终了。

人类从动物群中走来。当猿从树头走向草原，走向平地以后，一个重大的变化就是肉食在食物中地位的大幅度提高。自然的生存欲和发展欲使原始人懂得，要在平地上在强者如林的草原上要争得一席之地，就必须有强壮的体魄。而要有强壮的体魄，又必须肉食。这从根本上说不是个什么理论问题，而是个实际得不能再实际的问题。

原始的人类一代一代地生存着，又一代一代地发展着，发展成了勇敢的狩猎者，尤其是男人。而获取狩猎者资格的手中的武器，就是石头。

不是简单的、自然状态下的石头，而是经过打击、改造过的石头，我们称之为石器。

在山西芮城西侯度原始人遗址中，我们发现了不少石器。石器有刮削器和三棱大尖状器等。

在陕西蓝田县出土的原始人遗址中，我们发现了更多的石器，有砍砸器、刮削器、三棱尖状器、石球，还有一些无以名状的石制工具。

在北京周口店原始人遗址中，我们发现的石器有了更大的进步。北京人的石器原料有脉石英、绿砂石、石英岩、燧石和水晶，制法有锤击法、碰砧法和砸击法，石器有刮削器、尖状器、砍斫器、端刮器、雕刻器和石球，以刮削器为最多，这也是与狩猎有关的吧！

在贵州观音洞原始人遗址中，我们发现的石头制器有 3000 多件，原料为燧石、硅质灰岩、细砂岩和火成岩，石器分为刮削器、端刮器、砍斫器、尖状器、雕刻器等，同样以刮削器为多。石器不只加工一次，还加工二次，以至于三次，多次。

石器的发展意味着什么呢？意味着狩猎攻击能力的提高，意味着猎获物的逐步丰富。

山西芮城西侯度旧石器时代的石器简单，所获猎物并不怎么丰厚。在遗址中有切割痕迹的鹿角和烧烤过的动物骨骼。有趣的是，由于猎物太少，不能满足西侯度人的生活需要，于是，他们常将骨头敲碎，吸食其中的骨髓。这种情况到了蓝田猿人时代就改变了不少，他们食用的动物食品有三门马、大熊猫、野猪、斑鹿、剑齿象、中国貘、爪兽、硕猕猴和兔等,而且数量大为增加。中期旧石器时代的原始人生活环境有了不小的改善。一些重要的哺乳动物如剑齿虎、肿骨鹿、硕豪猪等绝灭了,人类的食谱中不见了这些动物,同时也出现了一些过去少见或不见的动物,如野马、野驴、赤鹿等。在大同盆地边缘生活的许家窑人,以野马为主要捕猎对象,他们因此被称为旧石器时代的"猎马人"。在他们生活的地点发现的动物化石以吨计,可见其肉类食物之丰富。旧石器时代晚期,原始人发明了弓箭,以石头为箭头的箭可以在百步之内击中猎物,这样,捕猎的能力进一步提高了。使用了箭的峙峪人和河套人,在捕猎野马、野驴、野羚羊方面都取得了很大的成功,这可以以遗址大宗的动物化石为证。

由于捕猎物的增加,使远古人类的生活条件大为改善,进而促进了人体本身的发展。就拿脑容量来说,其发展速度也是十分显见的。蓝田人的脑量平均为780 CC,比南方古猿的脑量(430～700 CC)增加了。到了北京人时代,脑量最高的已达1225 CC,最低的也有859 CC,以所获的六个头盖骨平均计,也有1059 CC,与现代人的平均脑量1400 CC也相去不远了。其他如身高、体重,体重的减少等方面,也都随着狩猎业的发展、肉食量的提高而有所进步。

不错,古人类是沿着一条石头和骨头的踪迹前进的。在这条道路上,人类一直走了几百万年。

相貌奇特

山顶洞人人种之谜

在北京周口店山顶洞发现的人类化石中，有四个成年人，一个少年人和两个小孩。考古学家详细观察了保存完好的三个头骨，发现其相貌奇特，有异于发现在中华大地上的其他头骨化石。于是，各种疑窦纷纷扬扬地产生了。

大约距今1万8千年以前，在“北京人”曾经长期活动和生活的北京周口店地区，自然环境发生了较大的变化。原来从龙骨山下流过的坝儿河虽然仍然存在，但水势小了，变成为一条孱弱的小溪，到了冬天，常会出现干涸现象。以前曾是湖泊或沼泽的地方，变成一处处小水塘，水塘里生长着青鱼等淡水鱼类。平原上出现了一些干旱多沙的地区，时常可以看到鸵鸟在那里昂首阔步。龙骨山上的树木稀疏了，但不远处还生长着森林，斑鹿、狍子、野猪出没在森林里面。山下的辽阔的草地上，奔驰着野马、羚羊、野兔。

这个时期，周口店龙骨山的山顶洞里，生活着一群被称为“山顶洞人”的原始人。近世发掘出来的这批原始人头骨的化石,以其奇特的相貌引起世人普遍的关注。

一些著名的考古学家、人类学家对这些人类化石进行了详尽的考察和研究,得出了各自的结论。

著名的人类学家魏敦瑞对头骨化石考察后认为:其中一个男性头骨经测量很像是某些西欧智人的化石,一名年纪大一点的女性头骨的化石很像美拉尼西亚类型,一名年纪轻一点的女性头骨的化石像是爱斯基摩人类型。这位魏敦瑞教授百思不得其解,最后得出结论:这些山顶洞人不是土著的,与土生的"北京人"没有什么传承关系。他们是外地迁来的居民,因受到原住当地的蒙古人种的攻击而最后绝了种。

因为魏敦瑞在国际人类学界是极具权威的,因此后来不少人都因袭其说。

依据山顶洞人洞穴中没有什么像样的石制工具这一事实,有些科学家顺着魏敦瑞的设想作了推断,认为在与当地蒙古人种的械斗中,外来的山顶洞人是失败者,而与之斗争的蒙古人种是胜利者,"胜利的敌人是不会空手而回去的,因此所有山顶洞人精制的成形的生产工具和武器,以及一切可使用的杂物,都被当作胜利品扫数掳去。"(尚钺:《山顶洞人的生产工具为什么这样少?》)

当然,这样分析是并不怎么具有说服力的。

山顶洞是山顶洞人的"家",那是谁都不会怀疑的。这个"家"是自上而下的"三层楼"。除洞口外,分为上室、下室、地下室。上室深约 8 米,宽约 12 米,是山顶洞人们日常生活、栖息的地方。下室在洞穴西半部稍低处,深约 8 米,是山顶洞人死后的墓葬之地。地下室在下室的深处,是一条南北长约 3 米、东西宽约 1 米的裂隙地带,是山顶洞人的贮藏室,包括植物及动物。山顶洞人的头骨发现在下室中,也就是在他们自己的墓室中,刚出土的时候,头顶向上,稍向左方倾斜，看得出是完全按照他们自己的惯例和顺序安葬的。如果山顶洞人是在与本地的蒙古人种斗争中被杀死的，那么，在当时十分野蛮的情况下，为什么不暴尸荒野，而相反要加以很好地礼葬呢？

山顶洞人复原像

至于对山顶洞人的相貌，人们也认为有重新审视的必要。中国的人类学家吴新智对权威的魏敦瑞先生提出了批评。他认为，魏氏对山顶洞人的三个头骨过分强调了其差异而对其共性估计不足。实际上，三个头骨都比较粗硕，头很长，额部倾斜，上面部低矮，眼眶较低，梨状孔宽阔，这些有的是晚期智人所同具的原始特征，有的则与今日蒙古人种相近。他们都应代表原始蒙古人种，与中国人、爱斯基摩人、美洲印第安人特别相近。吴新智认为："山顶洞人可以看作是上述几种人的共同祖先,并不是几种人聚集到了一个山洞。”

而不少学者则对山顶洞人之谜回答得更干脆。他们认为:山顶洞人头骨从形态观察上讲有着明显的蒙古人种特征,如鼻骨较窄,有鼻前窝以及有下颌圆枕等。可以肯定,山顶洞人是蒙古人或黄种人的祖先。他们头顶圆横,前额比较饱满,眉脊已不明显突出,脸型和鼻型已与现代黄种人接近,吻部也不再向前伸出,下巴已经明显长了出来,比起他们的老祖宗“北京人”来,山顶洞人可以称得上是“五官端正”了。

斑斓的饰品

山顶洞人“爱打扮”之谜

在山顶洞人居住的山顶洞中，发现了许许多多利用自然物制成的人体装饰品，有穿孔的兽牙、海蚶壳、石珠、鲩鱼骨和骨管等，其中有7枚小石珠表面还染上红色。这些装饰品出土时的位置都放在人体的头骨附近，表明它们都是首饰。尤其是山顶洞人用大量精力制作的各种项链，神奇而富于魅力，令人叹为观止。著名考古学家贾兰坡称山顶洞人是一群“爱打扮的人”，一点也不过分。

人类什么时候开始懂得打扮自己？这是个并不太容易作答的问题。我国迄今发现最古老的人体饰物，是1963年在山西溯县峙峪遗址出土的一件钻孔的石墨饰品，距今约2万8千年。但因为它形状不完整，看不出是一件什么东西，而且仅此一件，无法了解当时远古人类的装扮。而山顶洞人的装束及装饰物，就丰富而具体得多了，大量出土的饰物饰品为我们勾勒出了远古时代“爱打扮的人”的粗犷的图景。

在山顶洞人的洞穴中发现的一枚骨针引起了人们极

大的兴趣。骨针长 82 毫米，针鼻孔径约 3 毫米，双面穿孔，针体光滑，是非常适用的缝纫工具。有了缝纫就有了原始意义上的衣服。这就证明，山顶洞人他们已经懂得利用树皮、树叶、兽皮，缝制成衣服了。这在人类发展史上是一个巨大的飞跃，人类经历了几百万年赤身露体的生活，现在终于懂得以衣蔽体了。衣服集护体、遮羞、美观功能于一体。衣服的发明，本身就可以看成是山顶洞人爱美意识觉醒的表现。

除了衣服外，山顶洞人的饰品可以说是琳琅满目、色彩斑斓。

山顶洞人的穿孔小石珠做得十分的精妙。它们中最大的直径才 6.5 毫米，原料为白色石灰岩。其制作过程可以作这样的推断：先把一块小石子的边缘小心地敲击成四方形或多角形；然后把其中的一面磨平；再从背面磨平。这样钻出的孔呈漏斗状。石珠的孔边缘很光滑，应该是长期佩戴而磨出的结果。石珠表面还染有赤铁矿的红色。

有一件钻孔的小砾石。它的原料为黄绿色火成岩，椭圆形，长约 4 厘米，厚一厘米多一点，一面为天然磨面，另一面经人工磨平，形状很规则。这件饰物最大的特点在于，它的孔从砾石的两面对钻而成。懂得对钻，钻得又十分准确，算得上是人类在改造自然状态物质上的技术的一次大的飞跃，这只有在人类智慧水平发育到一定程度时才能办到。

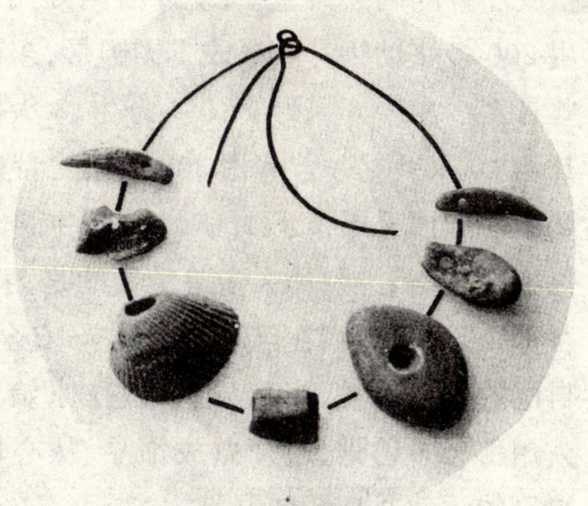

山顶洞人装饰品及佩戴示意

最珍贵、最多和最富于代表意义的，当然要算是兽牙饰品了，共有120多枚。这些兽牙形状各异，有弯角状的、笔尖状的，还有钻头形的，扁平葫芦形的。穿在一起，美观而大方。齿冠在人体移动中互相碰撞摩擦，会发出一种诱人的声响。这对佩戴者和制作者来说，都是特别心旷神怡的事。

山顶洞人把各种兽骨、兽牙做成饰品，尤其是做成项链，反映了他们的一种爱美之心，那是毫无疑问的。但是，如果把爱美与当时的整个社会生活联系起来，又可作出哪些解释呢？也就是说，对山顶洞人的“爱打扮”从社会生活角度看可作出何种诠释呢？

其一，爱美和勇武精神混成说。

把兽骨和兽牙制成佩饰、项饰、坠饰，在以狩猎为主要生活来源的那个时代，无疑是十分荣耀的事。一个人，尤其是一个男子，有那么多的兽骨和兽牙佩戴在胸前，代表了他狩猎中的成就和成功，也代表了他的勇武。在这里，爱美与勇武浑然一体了。

在原始社会时期人们以拥有兽骨为荣，似乎是很普遍的事。在松武江畔的阎家岗遗址，发现有两处用兽骨垒成的营房遗址。一处用200多块动物骨骼垒成了椭圆形，东西长4米，南北宽3米，所用兽骨至少属于6只野驴，5头野牛，3头披毛犀，1只鹿和1只狼。在其西40米处另一营房用300多块兽骨垒成了半圆圈，所用兽骨至少属于5头披毛犀，5只野驴，3头野牛，4只鹿，2只羚羊，1只鬣狗和1只狼。请问：排列那么多兽骨真的是为了住宿吗？不是，完全不是，在那个时代，住宿在河畔荒野是不安全的，那样做完全是为了炫耀自己的勇武精神，当然，这样做在原始人看来也是很美的。山顶洞人用那么多兽骨、兽牙做成饰品，从心理角度讲多半也是为了表示自己的勇武心理状态。

其二，爱美与妇女崇拜混成说。

一些学者认为,那些饰品的制作者往往是年轻而勇武的男性,他们把制作的兽骨兽牙饰品献给自己心爱的姑娘,以博得姑娘的欢心。一些学者还从较为原始的少数民族的风俗中引证了这一点。

有些学者还进一步发掘“爱打扮”的山顶洞人饰品制作的社会价值。他们认为,当时社会已进入了母系氏族社会,女性具有特别崇高的地位,兽骨兽牙饰品是贡献给女性的一份沉甸甸的厚礼。宋兆麟等先生在《中国原始社会史》中指出:“山顶洞人时期,社会生产力有了一定的发展,社会组织结构、住所已有原始的规范的迹象,这是他们意识提高的反映。他们对老年人有着特殊的葬仪。艺术上的初步成就不仅为考察早期艺术起源提供了重要资料,而且也反映了他们对妇女的崇敬。”把饰品献给妇女,正是这种崇敬的反映。

山顶洞人的爱美之心,还反映在红色崇拜上。

山顶洞人把一些制作饰品的小石珠染成红色。在一件边缘上有钻孔的草鱼眼上骨上,鱼骨表面也用赤铁矿染上了红色。把各种饰品的颗粒串连起来就要用皮、鹿筋或其他纤维做成系带,这些系带也是被山顶洞人染成了红色的。在墓葬的遗体四周,也用赤铁矿粉染成红色。在山顶洞中,考古学家还发现了一件扁圆形的石炭岩砾石,其表面也染有红色。

俄国哲学家普列汉诺夫曾经说过:“红色是一切野蛮人非常喜欢的颜色。”对山顶洞人来说,红色是他们最先认识和认可的颜色。在他们心目中,红色代表阳光,代表热力,代表血,代表生命和力量,还代表战斗和胜利,正因为这样,在他们看来,红色是美的。

击碎的头盖骨

远古人类食人之谜

无论是“北京人”，还是“山顶洞人”，在他们的头骨的顶部都有凹坑、破裂和穿孔的痕迹。这证明他们在皮肉犹存的时候被尖锐的器物重击而致死的。这是怎么回事？这是一个争论了半个多世纪的谜。有的专家认为，这些打击痕迹应当是猿人在洞穴中被顶上的落石击中而成的。这马上就遭到另一些专家的反诘，如果是落石击中所致，又如何看待痕迹都呈圆尖状这一现象呢？……

1931 年，北京周口店的发掘热火朝天，令人鼓舞。在不太长的时间里，接连发现了三个较为完整的头盖骨化石。亲自参与其事的美国人类学家魏敦瑞在经过初步研究后，写下了这样的报告：

此三头骨，均为成年的，保存都很完好，前两个，一个较大，一个略小，大的属于男性，小的属于女性。头盖部分，虽然完整，但颅底部不齐全。

看来犹如闲笔，将头骨的“颅底部不齐全”一语轻轻带出。此时，恐怕魏敦瑞对此种现象还未形成概念。

1933 年,周口店山顶洞的发掘取得巨大成功,获取了三个保存完整的头骨和一个头盖骨。美国人类学家魏敦瑞同样参与其事。他详细端详着这些头骨和头盖骨,目光集中在头骨上的凹坑、破裂或穿孔的痕迹上。他当时虽然没说什么,但看得出他在认真思考。

不少专家都注意到了这一点,但结论显得有点轻描淡写:中国猿人居住的洞穴是十分简陋的,时时有石块从顶部落下,击在北京人和山顶洞人的头骨上就必然会形成碎裂现象。

但是,这种说法不能回答这样一个问题:为什么中国猿人头骨上的裂痕都是呈圆尖状的呢?难道塌落下来的石块都是磨尖过的?

直到上个世纪 40 年代,魏敦瑞才对此发出了自己的声音。他发表了《中国猿人是否同类残食》一文,后又出版了《中国猿人头骨》一书。在这些论著中,他提出了自己的观点:在中国猿人阶段,存在着食人之风。他把"人吃人"这种在现代人看来极为残忍、野蛮的现象,无情而历史地推到了人们的面前。

魏敦瑞的理由是:一,按正常情况,猿人的肢骨、躯干骨的数量都要比头骨多,可北京猿人却相反,代表 40 多个个体的北京猿人的肢骨只有上臂骨 3 件、锁骨 1 件、大腿骨 7 件、小腿骨 1 件,而头盖骨有 14 件,面部骨有 6 件,下颌骨有 15 件,牙齿有 166 枚。二,2 万多平方米的遗址中,许多地点不见人的化石,而只有古脊椎动物的化石与石器,它们很少共存。那里的人哪里去了?除了被同类食掉很难作其他解释。三,北京猿人和山顶洞人头盖骨上有人为地被器物敲打过的痕迹,有凹陷和压碎现象。

我国的考古学家、人类学家和历史学家,在以后的研究中证实了魏敦瑞的论断,证明了同类相食的现象不只是存在的,在当时条件下甚至是合理的和必然的。当时生产力水平极为低下,为了求得"种"的生存,猿人不可避免地要食掉同种中的一部分(主要指老者、

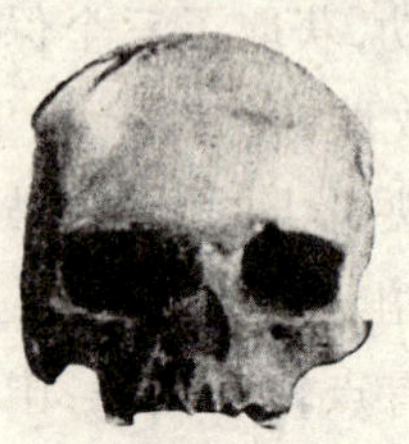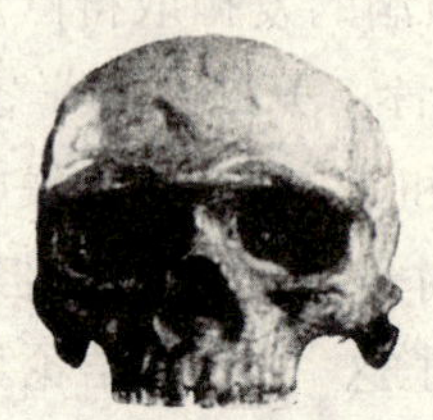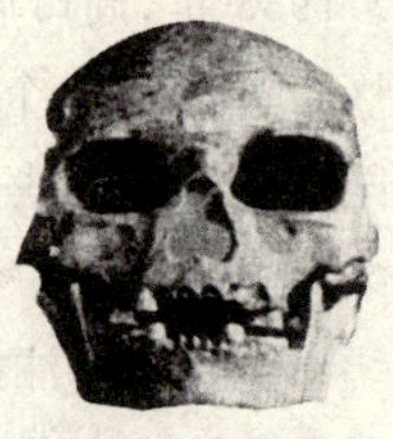

“山顶洞人”头骨，最左边的头骨有明显被钝器击伤的痕迹

弱者、病者、异部族者）。似乎古猿人已经意识到后脑勺较身体的其他部位更脆弱，也更易置人于死地，于是，他们就用打磨过的锋利的石器作为武器，先将对方击倒、击晕以致击死，然后先吸干脑浆，再慢慢地割下其他部位的肉吃，一些脆而软的骨片也被食者吞噬了。

这就是原始人的“人吃人”现象。

在辽宁西沙锅屯洞穴遗址中，发现有40多个个体的头骨、躯干骨，其骨头零散，脚骨且有裂痕。很显然，也可作“人吃人”的一种例证。

在广西桂林甑皮岩古人类居住的洞穴中，曾出土了人类头骨化石14个，其中至少有4个头骨化石有人为打击的痕迹。专家考证后一致认为，这种头骨化石裂痕系用某种尖状器具猛力打击而成，这也是早期人类食人风俗的一个铁证。

就世界民族志材料来看，食人是一种历史上人类进化发展过程中普遍存在的现象，它曾广泛地存在于亚洲、非洲和欧洲广大地区。作为一种历史的惯性，它至少延伸了几十万年。直到人类已经有了比较多的肉食和素食食品的新石器时代，这种风气还存在着。著名的英国生物学家赫胥黎在《人类在自然界中的地位》这部著名作品中写道：“在非洲刚果的北部，过去住着一个安济奎的民族，这个民族非常残酷，不论朋友、亲属，都要吃的。……他们的肉店里充满着人肉，以代替牛肉和羊肉，他们把在战争中捉到的敌人拿来充饥，又把卖不出价钱的奴隶养肥了，宰杀后果腹。”赫胥黎讲的“过去”如果是原始社会时期，那讲他们“残酷”是不妥的，因为在原始社会，食物短缺，为了群体的生存，将敌人杀掉吃了，甚至将自己氏族中的老者、弱者、病者杀了吃掉，也算不了什么残酷的。道德具有一定的历史性，在那个时代，“人吃人”不属于不道德的范畴。

人类的手性

早期人类"右手偏向"之谜

人手是万能的。人手有着极为特殊的结构。一只手有8块腕骨,5块掌骨,14节指骨,59条肌肉,3大神经干,还有特别发达的血管系统和神经系统。正是这些"零部件"的合理组合,才使我们的双手灵活自如。

手是人体中最富于活动力的部分——人手一天中至少要活动2500万次。

手是人体中最富于表现力的部分——人手可以表现出70万种不同的手势。

可是,使人百思不得其解的是人为什么有着"右手偏向"呢?而这种"右手偏向"源远流长,早在20万年前的旧石器时代,这种偏向已经形成。

偏手倾向,被认为是人类所特有的。现代人类毫无疑问是主要使用右手者。中国科学院心理研究所对两万人作了包括握笔、用筷、掷东西、刷牙、用剪刀、划火柴、穿针眼、握钉锤、握球拍、洗脸在内的十项活动的调查,发现右手偏向者91%,左撇子只有1%,余下的部分是混合型的。

可见，现代人以“右手偏向”为主。

恩格斯在《自然辩证法》一书中将人手和猿“手”作了比较，认为：“骨节和筋肉的数目和一般排列，在两种手中是相同的。”

相同的“手”，但手性是否也相同呢？有人对黑猩猩和猕猴作了实验，它们从个体来讲可能有用“手”偏向，但从整体上讲，没有右手偏向或左手偏向。

而人有，事实证明，就是早期人类，这种“右手偏向”也十分明显。

德国科学家对梅登黑德附近出土的118件手斧采集品做了考察，根据对手斧对称或不对称的评估，特别是对标志手斧最厚部分的中脊位置的研究，科学家能将右手手斧和左手手斧区分开来。研究认为，至少在20万年以前的旧石器时代的早期人类已有“右手偏向”。

中国科学家对中国旧石器时代的石器进行分析，也发现这些大部分都与右手为主作业有关。

由此，科学家们认定，从猿类走向人类的灵长类演化过程中，存在着手性的一场重大革命。

为什么会有手性革命？手性革命为什么不是“左手偏向”，而是“右手偏向”，对这个问题，科学家们各自作出了自己的解释。而这种种解释，从根本上说还只是一种猜测，离科学的论述似乎尚远。

一种解释是：从洞穴岩画中可见，在原始社会的旧石器时代末期，人们的亲情意识大为增强。无论是部落复仇战争中的伤亡，还是疾病或意外的死亡，都会引起死者家属乃至部落成员的极大悲哀。在当时条件下，哀悼死者的标志性风俗是割断左手的一段手指。由于割断的是左手手指，这样，平时劳作的重任就自然而然地落到右手头上。久而久之，就形成了“右手偏向”。

一位病理学家的解释很有意思。他挑选了 88 人作为实验对象,其中 12 人是左撇子。他给这 88 人服用相同剂量的神经性药物,结果几乎所有左撇子出现了强烈的大脑反应,有的甚至像癫痫发作一样,而右撇子们却安然若素。由此,这位病理学家作出推断:我们的祖先在开始认识植物时,还分不清有毒食物和无毒食物。在他们采集时,左撇子对有毒植物极为敏感,甚至动不动就中毒,也会有死亡的。而右撇子对有毒植物的忍受力和排除力就要强得多。经过长期的自然淘汰,右撇子越来越多,以至于形成了"右手偏向"。病理学家的观点十分鲜明,"右手偏向"是人类生理上的一种自我保护。

问题是,既然绝大多数人的右手灵活程度高于左手,那么,为什么大多数母亲怀抱婴儿时常用左手抱婴儿?对此,一些心理学家作出了这样的解释:母亲用左手抱婴儿时,婴儿靠在母亲的左胸侧,能听到母亲心脏的搏动声,这与孩子在娘胎时就听惯了的搏动声相同,因此,婴儿一听到这声音就显得格外的安宁。还有些科学家认为,母亲用左手怀抱婴儿的习惯,与大脑两半球的分工有关。人的大脑的右半球最善于处理和加工富有情感色彩、容易使人动情的信息。母亲用左手抱婴儿时,左眼能看清婴儿的一笑一颦,左耳能听清婴儿的咿呀之声。这些使母亲最为兴奋的信息,会传入大脑右半球进行加工处理,能使母亲对婴儿的表情和声音心领神会。

此外,还有种种猜测:人类的"右手偏向"也许缘于社群制作工具的压力;也许是训练男人在徒手使用穿刺武器过程中,必须保护他们心脏所在的身体左侧而让左手闲着;当时人发现长期使用左手者寿命往往不长,为了健康原因必须多用右手。

然而也不能否认,才华出众的人往往是左撇子。大军事家亚历山大大帝、恺撒大帝、查理大帝、拿破仑都是左撇子;大科学家爱因斯坦是左撇子；大艺术家达·芬奇、毕加索、卓别林是左撇子；美国科学家中有近三分之一是左撇子；不少运动健将、奥运冠军是左撇子。由此，有人提议，时至今日，我们是否应该改变一下祖先传给我们的“右手偏向”，或者改“右手偏向”为左右开弓，那样，可能对人类的发展更有利。

向往太空

“想飞的中国人”之谜

对中国人来说，使用频率最高的字眼之一，怕是个“飞”字吧！鱼是在水中游的，可是我们远古的中国人偏偏设想出有那么种“飞鱼”。《山海经》中说，“劳水之中，多飞鱼，其状如鲋鱼。”虫是在地上爬的，可我们远古的中国人却认为有那么一种“飞虫”，而且飞得漫天都是，“掩蔽日光”。还有什么飞蛇，飞兽，还有什么飞神，飞仙。最有意思的是，远古的中国人十分向往着“飞人”的出现。我们的祖先很早就希望自己能飞出大地，他们是值得骄傲的“想飞的中国人”。

飞，表现着一个民族的丰富的想象力——他们想象人可以像大鹏一样搏击长空，直上九霄。

飞，反映着一个民族的强劲的进取心——他们不甘于被永远捆绑在脚下这一块土地上，进取心驱使他们终有一天会“飞”出大地。

飞，体现着一个民族的广阔的视野——他们把视野从大地上移开去，投射向大地以外的太空，这是何等的了不得。

这就是值得我们引以为豪的祖先。

嫦娥奔月的故事在中国可以说是家喻户晓。嫦娥的丈夫是一个有名的神射手羿。据说当时天上有十个太阳，烤得天下的老百姓实在受不了，有不少人还因此丧了命。羿为了拯救天下的苍生，就一下把天上的九个太阳射了下来。这可不得了，得罪了上帝。上帝罚他永远在地上干苦活。羿不服，飞越过弱水和火焰山，来到瑶池的岩洞里，拜见西王母。西王母同情他，给他一种几经沧桑炼成的神药，对他说："你们夫妻分着吃，可以长生不老，如一人吃了，还可以升天成仙。"羿回到家后，把西王母的话给自己的妻子嫦娥说了。嫦娥不知出于怎样的心态，把那神药给吃了，这时，她只觉得身子轻飘了起来，一下飞上了天，后来她成了美丽动人的月中仙子。

嫦娥奔月的故事给人以无穷的遐想。后世的神话诠释者多责难嫦娥对仙药的"偷吃"，似乎嫦娥的做法不太合"妇道"。其实，这种责难是多余的。嫦娥得了神药后，实现了飞天的梦，这样做不也是值得的吗？

嫦娥奔月是用神话形态表现出来的一次成功的"登月工程"。月既可登，那么还有什么"天"不可以"飞"呢？单就这一点，我们也可视之为重要的民族文化和民族精神财富。

如果说嫦娥登天是飞上去的，那么，逐日的夸父就是一步步地登上天的。他跨出大步，风驰电掣般的向太阳方向奔去。渴了，就喝黄河水，喝渭河水，喝大泽水，最后他应该说是成功了的，《山海经·海外北经》说道："夸父与日逐，入日。"什么叫"入日"？不就是到了太阳那里吗？太阳在天上，夸父是一步步从地上走到天上的。他最后是死了，他是累死的。

这个故事最为感人。它告诉人们，天可登，只要有决心，只要有

嫦娥奔月

乘“飞船”上天的人

信心。夸父是一个伟大的成功者。

还有个故事更有趣,是说一个人驾起了一只飞船竟上了天。这样的想象,不就与后人的“宇宙飞船”不谋而合?

《博物志·杂说》中有一故事:有一个住在海边的人,他想,既然天上有条“天河”,那一定是与水路相通了,于是,他想冒险去游它一游。他把木筏改装成了一条船,在船上再架起个小屋,备足了干粮,便入海而去。开始的十几天,还好像在海中行,还可以看到头顶上的日、月、星、辰。再往后,变化就越来越大了。只是看到白茫茫的一片,分不清什么是天,什么是地,也分不清何时是白天,何时是黑夜。他什么都不怕,一直往前行走。又过了十多天,忽然眼前一亮,一幅美丽无比的仙境展现在他的视野之中:一片城郭,亭台楼阁庄严而整齐,远远望去,只见有很多女子在那里织布,又见一些青年男子在河边牵牛饮水。牵牛人发现了他,问他:“你是怎样到这里来的?”他把经过说了一遍,反过来问牵牛人:“这是什么地方?”牵牛人答道:“你回到蜀都成都,问严君平就知道了。”那人返回后,找到了严君平其人。严君平是成都的卖卜人,他说:“某年某月某日,有客侵犯牵牛星。”一计算,正是这一天他来到那奇特的城郭的时日。他恍然大悟,自己已经乘“飞船”到过了天上的“天河”,并且已经会过牛郎和织女了。这是多么美丽动人的神话故事啊!

提出“想飞的中国人”这个命题是很有意义的。它告诉人们:中国的先民历来是有着伟大的理想和追求的。

很有趣,这三个神话刚好从三个角度想象到了人类进入太空的途径:一是从空中飞过去,我们的先人似乎已经把握了宇宙空间的观念;二是陆行登天,在他们的想象中,天地是一体的;三是水行乘“飞船”登天,把由无数星云组合成的“天河”想象成是一条可以直通人间的河。

乘龙御风而行的火神祝融

中国人实在多所想象的,他们把跃动着的火苗也与"飞"联系起来。中国传说中的火神祝融据说是尧的另一个化身。它常常乘着巨龙,御着长风,在天神的护送下去天际漫游。

神话传说中的走向太空的故事,体现了原始人的那种伟大的天真和天真的伟大。这是一个伟大民族的伟大的梦。而这个几千年前远祖的梦,是要由他的伟大而有为的子孙来圆的。

公元 2003 年 10 月 15 日,中国首次发射了载人航天飞行器"神洲五号"。第二天,中国太空人凯旋。几千年的走向太空之梦,在这一天,变成了光辉灿烂的伟大的现实。这就是中国人!

“星期”的由来

“七日纪日法”之谜

七日纪日法起于何时？何地？这历来是个众说纷纭的议题。有的说，它起源于古罗马，后来才渐次传入中国的。有的说，七日纪日法与《圣经》有关，那上面不是明明写着七日为一“礼拜”吗？有的说，中国正式定七日为一“星期”一直要到清末民初，之前一直是十进位的。是这样吗？看来，对“星期”一词的发明权的所属问题，是大可讨论一番的。

“星期”一词的字面解释应该说是很清楚的。它指的是“星”的运行“周期”。我们的先民要干的事很多，但总括起来也就不外乎两件事：一是在地上无休无止的劳作，与大地打交道，还与人打交道；二是与老天爷打交道，而老天爷又具体化为每个人头顶上的那片苍穹。太史公司马迁说过，“自初生民以来”，人们就是“仰则观象于天，俯则法类于地”，一面是观察，一面又是思考，力求“绍而明之”——也就是把其中的道理搞明白。

也许，对初民来说，初始的“仰则观象于天”是随意的，无所用心的。一到晚上，初民们少有娱乐活动，于是一大“功课”就是仰观于天。看月亮，看星星，看个没完没了。起先是不会有什么心得的，后来观察久了，就心领神会了。在他们的想象之中，天上与地上是一体的。地上有官，有民，那天上也该有官，有民的吧！于是，从中国的远古时代起，就有了“天官”之说，司马迁根据远古的传说和一部分史料，写下了《天官书》一卷。“官者，星官也。星座有尊卑，若人之官曹列位，故曰天官。”（《史记索隐》）

我们的古人分出了官与民以后，又想：地上的官有大有小，天上的官也应该是有大有小的吧。当时“仰观”的能力不强，只能挑大的。挑来挑去，最后挑中了“动者七”，也就是用七个大星作为示吉凶、计时日的工具。张衡说得明白：“文曜丽乎天，其动者有七，日月五星是也。日者，阳精之宗；月者，阴精之宗；五星，五行之精。众星列布，体生于地，精成于天，列君错峙，各有所属。在野象物，在朝象官，在人象事。”将七星来“象事”，这本身就说明“七”在中国人生活中的重要性。

有人以为，七日纪日法起于罗马。张文彬在《寻根探源》一书中说：“一星期七天的记日法来自罗马，它是根据月相变化而定的。从朔日到上弦、望、下弦，正好是七天。……公元四世纪，七天纪日法传入我国。”这话显然是不正确的。从观念上讲，西方有七日纪日法，不等于说全世界的七日纪日法都得归源于西方。其实，罗马的七日纪日的依据是“月相”，而我国的七日纪日的依据是“动者有七”，就是按七星之运动规律定下的，按理说，我们的七日纪日更精确、更科学些。说到公元四世纪传入中国更是说不过去的。张衡是汉人，他早就说过以“动者有七”以“象事”，说明以七日纪日是古已有之的，而况张衡所说不仅是当时的情况，而是指他那个时代的“古代”。可见，“星期”不是“泊来品”几乎是肯定的。

至于西方的“礼拜”，更是与中国的“星期”风马牛不相及的。《旧约》的“创世记”中说，神第一天将白天与黑夜分开，第二天创造了水、空气，第三天创造了大地、万物和大海，第四天创造了太阳、月亮、群星，第五天创造了飞鸟、走兽，以及水中的生物，第六天创造了人，“神说，我们要按照我们的形象造人”，造男造女。到第七天，“天地万物都造齐了”，“歇了一切创造的工，就安息了”。这七天纪日是建筑在神学的基础上的，与中国的“星期”只是形似而已。

有人以为，中国的七天纪日在相当长时间内只是停在观念形态上，与实际生活没多少联系。不是的。可以说，七天纪日是融入了我们民族的生活之中的。阴阳说是我国传统文化的基础，它又与以七计数紧紧地揉合在一起的。《易·复》:“反复其道，七日来复，天行也。”这不正是七天纪日的明证吗？中国民俗中的“做七”，就其传统来说，也是很古老的。《魏书》中就有人死后每隔七天祭奠一次的记载，而这一做法是传之于远古的。

当然，“星期”的制度化规范化那是近世的事。光绪二十一年(1895 年)，清廷宣布废除延续一千多年的科举制，成立“学部”，袁嘉谷筹建编译图书局，任首任局长，局下设编书课、译书课，统一编写全国各种教材，并统一教科书中的名词术语。把七日一周定为中国传统的“星期”，以“星期日、星期一、星期二、……星期六”依次，周而复始。

“星期”的提法既是中国传统文化的反映，又与国际的“七日一周”制相接轨，因此，受到人们普遍的赞同。

方邦林立

中华文明源流之谜

长期以来，几乎所有的教科书都这样写着：“几百万年前，我们的先民就早已繁衍生息在祖国辽阔的大地上。自古以来，我国就是一个多民族的统一的国家。”是这样吗？思维的定势使只要读过初中历史教材的人都会承认这一结论。可是，这些年来丰富多彩的地下发掘，使距今五六千年，以至于万年的历史得以复活。那时的祖国大地上，方邦林立，八方雄起，呈现出一派生动活泼的局面。原来自古以来的大一统只是一个美丽的梦，而事实并不是这样的。

的确，所谓自古以来的“大一统”，只是我们民族的一个美丽的梦，而编织这一梦境的始作俑者则是被尊为中华史学之父的司马迁。

子承父志，司马迁要编一部中华民族的进化史，可是，首先使他苦恼的是“太古”时代史料的缺乏、紊乱。杨朱认为：“太古之事灭矣，三皇之事若存若亡，五帝之事若觉若梦，三五之争或隐或显，亿不识一。”（《列子·杨朱》）他一连用了"若存若亡"、"若觉若梦"、"或隐或显"三个不肯定形容词，目的无非是要把"太古"历史时期从历史序列中抹去。这是一种对民族的始祖抱虚无、迷惘、玩忽的消极态度。这时，司马迁站出来了。他是有责任心的，他要从无头绪中理出头绪来。

司马迁跑了许多地方，"西至空峒，北过涿鹿，东渐于江，南浮江淮"，但还是不行。三皇五帝的传说纷纭得很，也讲不清。经过几度反复，他决定一笔把"三皇"抹掉，独独突出"五帝"，而"五帝"中的第一帝就是黄帝。黄帝打败了炎帝，擒杀了蚩尤，"诸侯咸尊轩辕为天子，代神农氏，是为黄帝。天下有不顺者，黄帝从而征之，平者去之，披山通道，未尝宁居。"黄帝为五帝中第一帝，后四帝是"黄帝二十五子"中的某子某孙某玄孙。五帝之后的虞、夏、商、周，也都是黄帝子孙，这样一来，大一统不就顺理成章了吗？

人们一直相信司马迁为当时人和世代子孙编织的这样一个美丽的梦。

可是，这样一个美丽的梦，在 20 世纪以来的百年考古面前显得不怎么站得住脚了。

就拿旧石器时代的文化来说，它像满天星斗，撒落在祖国的大地上。元谋猿人、蓝田人、北京人、和县人、郧县人、郧西人，这些直立人分别在不同的方位、不同的地域、按照不同的轨迹发展着，说是某种文化之源，可能他们本身就是一种文化源。西侯度人生活在山西省南部芮城县西北隅的中条山阳坡，他们生活在距今 180 万年前。他们来自何处？可能就来自当地的一种类人猿。元谋人生活在云南北部元谋盆地东缘，生存年代距今约为 170 万年。他们的生命之源何在？可能就是当地一种纤细型南方古猿演变而来的。山西的西侯度人，与云南的元谋人相差约 10 万年，他们之间很难说有什么传承关系。还有更古一点的巫山人，也不见得与元谋人、西侯度人有什么源流上的纠葛。这样看来,在几百万年前,中华古土上的人就表现出多源态势。

后来进入智人阶段,有马坦人、大荔人、长阳人、许家窑人、丁村人,有柳江人、资阳人、山顶洞人、河套人。他们之间有的有些许的传承关系,但更多的是各为源头,独立发展的。

大约在公元前 1 万年,人类进入了地质上的全新世时期,地球上的最后一次冰期结束了。人类拿起了新石器,过起了定居生活,向社会更高的文明度迅进。

从河南许昌的灵井文化遗址,到陕西大荔的沙苑遗址,到山西北部怀仁县的鹅毛口文化遗址,到山东滕县的北辛文化遗址,到河北武安县的磁山文化遗址,到黄河南岸的裴李岗文化遗址,到渭河流域的老官台文化遗址,到浙江余姚的河姆渡文化遗址,到位于杭嘉湖平原的桐乡罗家角文化遗址,到西安半坡文化遗址,到东北兴隆洼文化遗址,到甘肃临洮的马家窑遗址文化,到广东曲江县石峡文化遗址,到福建闽侯县昙石山文化遗址,到西藏东部昌都县的卡若文化遗址,它们之间有的有着某种文化传承关系,有的则自有源头。自古并非大一统这一事实,现在已经是昭然若揭了。

辽西的红山文化是令人震惊的。在辽宁喀左县东嘴红山文化遗址连续发现的距今五六千年的祭坛遗址,牛河梁女神庙和积石冢的发现,“金字塔”式大型文化建筑遗址的发现,都令人不得不承认它是中国文明的一个重要起源地。另外,良渚文化的发现,尤其是瑶山良渚文化祭坛、反山大墓、汇观山大墓的面世,彻底打破了文明起源认识上的传统格局。三星堆古遗址的发掘更令世人震惊,其中有着无数的国宝。其中有被称为世界铜像之王的青铜大立人像。青铜大立人像通高 2.62 米,头戴回纹筒冠,身着右衽龙袍,两手虚握,夸张为环状,站立于神坛之上,历数千年而栩栩如生。让世人除对当时青铜铸造工艺水平惊讶万分外,还对其独特的美学表达能力叹为观止。其他如青铜神树、钝金权杖、玉边璋、玉牙璋等,都堪称世界一绝。环视祖国大地,东、南、西、北的文化,在跨入文明门槛之时,就丝毫不逊色于中原文化。中华文明的多源,可以说是已经成为定论。

当然也有专家认为,“多源”与“一元”是不矛盾的。在公元前3000年到公元初这段时间,黄河流域拥有了比其他地区更优越的自然环境。气候温和,降水量相当于现今的长江流域,黄土高原土壤疏松,水土无流失,这样,生产力就跑到了其他地区前面,文明程度也高些。其他地区的文化为华夏地区的文化所影响、改铸、吸纳,渐渐地形成了起于多源而以华夏文化为中心的“一元”文化。

悠久的古文化 中华文明五千年还是一万年之谜

长期以来，一个始祖——黄帝，一条母亲河——黄河，一块文明发源地——中原地区的历史观统治着人们的头脑，形成了“上下五千年”、“中华文明五千年”的传统观念。可是，近几十年来的考古发掘，大大突破了这一传统观念的时间界限，于是，在史学界就有了中华文明五千年还是一万年的争议。

中华文明有多长？传统的说法是“上下五千年”，人们也没有什么异议。可是，自20世纪六七十年代起，考古发现层出不穷，说明东、西、南、北各地一些文明源头都在五千年以上，有的有上万年之久。1997年8月，在“海峡两岸史学家合撰中华民族史第四次学术研讨会”上，曾经有人提出“中华文明史可追溯到万年前”论点。会后，由祖国大陆学者史式和台湾史学家黄大受教授共同起草的《重写中华古史建议书》，主张中华古史应从一万年前写起。这一建议立即得到了海内外百余位历史学家、考古学家、人类学家、民族学家、民俗学家的签名赞同。

中华文明五千年这个说法是怎么出来的呢？原来宋代的邵雍在《皇极经世》一书中称尧元年为甲辰年，卢景贵考定这一年相当于公元前 2357 年。再据晋代皇甫谧的《帝王世纪》推算，认为尧以上共五帝，历时 341 年(其中黄帝 100 年，少昊金天氏 84 年，颛顼高阳氏 78 年，帝喾高辛氏 70 年，帝挚 9 年)，据此推算，黄帝元年应为公元前 2698 年。从黄帝元年即公元前 2698 年算起，到 2000 年，一共是 4698 年，接近于五千年，简称五千年，这是"中华文明五千年说"的真正来源。孙中山就任临时大总统时，通电各省，"以黄帝纪元 4609 年为中华民国元年"，这是第一次以国家元首的身份公开承认了"五千年说"。

在当时提出五千年说，有其一定的合理性和必然性，举世公认的正史之首《史记》就是从黄帝写起的。

而西方世界力主以已经有了有系统的文字、已经有了青铜器、已经有了城市、已经有了神庙为一块地方或一个族群是否进入"文明"的必备四条件，用这一框子去框，世界四大文明古国中的序列只能是:埃及第一位，其文明史长达六千余年;巴比伦第二位，文明史为五千余年;印度为第三位，文明史为近五千年;中国为第四位，中华文明被定为四千余年。有些对我国有偏见的西方学者，甚至不承认四千年之说，只承认三千余年，从"盘庚迁殷"算起，那全长只有3400年。

20 世纪末由英国崔瑞德和美国费正清共同担任主编的《剑桥中国史》，起始是从秦汉两朝写起的，这当然是极为不妥的，为了补救，不得不在"总编辑序"中申明，"自 70 年代以来考古上取得了越来越大的变化"，以至"一再改变了我们对中国早期史的看法"，但由于对此还没有"普遍公认的综合"，"出于无奈"只得从秦汉时写起。

这种“普遍公认的综合”难道非得由外国人来做吗？不，从根本上说，应该是由中国人自己来做的。在《东南文化》杂志1991年第1期中的《迎接中国考古学的新世纪——中国考古学会理事长苏秉琦教授访谈录》一文中，苏秉琦教授对采访者说：

> 时至今日，把重建中国古史的任务正式提到全国史学、考古学者面前，条件已经基本成熟。其主要标志是重建中国古史的构思、脉络已基本清楚。从宏观的角度、从世界的角度、从理论与实践相结合的高度可以把中国古史的框架、脉络概括为：超越百万年的文化根系，上万年的文明启步，五千年的古国，两千年的中华一统实体，这就是我国历史的基本国情。

大量的考古资料和文献资料放在面前，上述结论应该是人们可以接受的。

超越百万年的文化根系——

元谋人，巫山人，蓝田人，北京人，山顶洞人……这些也许只是中华文化根系的冰山一角，随着时日的推移，诸多文化根系还会显山露水。

上万年的文明启步——

大约在一万年前，我们的先民逐渐从渔猎、采集生活转入农耕生活，开始定居，开始进入母系社会。因为食物相对有了保障，农闲之时可以发明创造，改进工具，发展生产，从此跨入了文明的门槛。

这时传说中的伏羲、神农时代，比黄帝时代还早，大约在一万年到五千年之间。

东南西北的各地都发掘出属于这一时期的古文化遗址。

湖南考古工作者在一个叫“玉蟾洞”的史前洞穴中，发现了一枚世界上最古老的陶片和两粒半古稻，经测定，这枚陶片和这两粒半古稻距今1.4万年！

另外，在湖南澧县梦溪乡八十当，找到了近万年的古栽培稻，在杭州萧山跨湖桥发现了“江南先祖”的遗址。在河南中部舞阳贾湖村发现了稻作物遗址，发现了最早的契刻文字，发现了随葬的龟甲。在河姆渡，发现了世界上最早的轻舟出海的海洋民族。在东北红山，发现了让世人惊诧的大型礼仪性建筑。在太湖流域的良渚，发现了大型的祭坛和令人难以置信的大墓。……

这些中华大地上的远古文明，有的超越万年，有的逼近万年，有的达七八千年。

都说神农氏，他们是中国历史上真正的神农氏。

五千年的古国——

大约在五千年前，陆续出现了一些方国——城邦国家。“轩辕之时，神农氏世衰。诸侯相侵伐，暴虐百姓，而神农氏弗能征。”(《史记·五帝本纪》)这里说的“诸侯”，实际上就是氏族制度末期的方国之主。由于争夺耕地与牧场，发生了大规模的战争。在这时期，青铜器和铁器出现，用以生活、生产和战争中的武器。传说中的以黄帝为首的五帝时代，以及部落联盟式的夏、商、周三代，都在距今五千年到两千年之间。

两千年的中华一统实体——

这种统一实体以中央集权的封建王朝的形式出现。秦、汉、三国、两晋、南北朝、隋、唐、五代、十国、宋、元、明、清，这一个个王朝代表了中华一统的实体。

史式先生在《五千年还是一万年》一文中说到：“如果读一部新史书，知道在八九千年以前，我们的先民已经在江汉平原上开辟了富庶的鱼米之乡；知道在六七千年以前，我们的先民已经在东南沿海各地陆续出海航行于太平洋上；知道全世界人类200项最重要的发明创造，追本溯源，一半以上都是中华文明的产物；知道一万年来，中华文明一直遥遥领先，我们落后于人的时间，不过百分之四而已，则每一位中华儿女，将有何感想？这些史事，能不振聋发聩；这些史事，能不激动人心！"

时播百谷草木

我国农业起源之谜

农业的发明是远古人类前进过程中具有决定性的一步。长年的采集、渔猎，所获取的生活资料是极其有限的，惟有走向农业，人类才能免受饥饿之害。把野生的植物种子有选择地种植于自己的住宅周围，加以耕耘，加以护理，最后收获其果实，这可能是十分十分漫长的过程。那么，农业的发明权该属于谁呢？这是一个千古之谜，也是古来许多神话传说的主题之一。

关于农业的发明权问题，是古来人们最感兴趣的。中国古代典籍中，有许多关于农业起源的传说。有的说是神农氏发明了农业，有的说是烈山氏（亦称厉山氏）发明了农业，还有人说是炎帝之子名“柱”的那个人发明了农业，周人则相信是他们的祖先弃发明了农业，《史记·五帝本纪》则说黄帝“时播百谷草木，淳化鸟兽虫蛾”，从而发明了农业。讲法虽然很不相同，但都承认中国人民自己的祖先发明了农业。

在诸多神话传说中，神农氏发明农业的传说故事最有意思，也最能让人信服。

关于神农氏的传说故事很多。清马骕《绎史》卷四引《周书》云："神农之时，天雨粟。神农遂耕而种之，作陶冶斧斤，为耒耜锄耨，以垦草莽。然后五谷兴助，百果藏实。"晋王嘉《拾遗记》卷一云："炎帝(神农)时有丹雀衔九穗禾，其坠地者，帝乃拾之，以植于田，食者老而不死。"《汉唐地理书钞》辑《盛弘之荆州记》："神农生于随县北界厉乡村，内周围一顷二十亩，地中有九井。相传神农既育，九井自穿，汲一井则众井皆动。"

神农为了发明农业，吃尽了千辛万苦。《淮南子·修务训》云："神农尝百草之滋味，一日而遇七十毒。"晋干宝《搜神记》卷一云："神农以赭鞭鞭百草，尽知其平毒寒温之性，臭味所主，以播百谷。"《述异记》卷下谓："太原神釜冈中，有神农尝药之鼎存焉。成阳山中，有神农鞭药处。"《世本》云："神农人身牛首。"

应该说，史籍提供的关于神农氏发明农业的种种资料是十分珍贵的神话故事中的一些说法和一些情节，又刚好与考古发掘相契合。

其一，寻找种植植物的种子。

神话故事提供了三种可能性。一是"天雨粟"说，上帝从天下起粟雨来，神农"遂耕而种之"，于是以粟为种植的主粮。二是"丹雀衔九穗禾"说，此丹雀看来是一只神雀，它衔来了良种"九穗禾"，于是，"帝乃拾之，以植于地"。三是"尝百草"说，在神农发明种植前，所有植物都属于"百草"之范畴，神农通过"尝百草"，选出了良种，"耕而种之"。

三种说法中，以前两种为虚妄，多神话色彩，与实际难符，而第三种说法是实事求是，也是与历史事实相符的。在没有发明农业之前，什么可食，什么不可食，什么可种，什么不可种，不太清楚，要研究，要尝味，要选择，看来，人类最后选定的一些农作物，是长期实验的结果。

黄土地区土壤持水和保肥能力都比较低，但有较好的毛细作用。这两个条件制约了农业起源过程中选择驯化作物品种的方向。中原地区的原始人看到大量野生狗尾草的祖本，将其采集、选择，一步步培育成自己的主粮粟子。这一点已被考古发掘所证明，半坡的出土物中就有大量的粟子，显然是刚从野生狗尾草驯化过来的。

南方地区土地肥沃，雨水充沛。南部的神农氏们就采集当时也许遍野都是的野生水稻祖本，进行驯化培植，使之成为南方人的主食。湖南澧县梦溪乡八十当远古文化遗址发现的两粒半古稻，属于1.4万年前的物品，这正是处于野生水稻祖本和现代水稻之间的正在驯化的水稻。事实证明，这种选择是明智而有生命力的。

其二，"耕而种之"。

种植植物意味着对植物进行管理、看护、培育。关于神农氏的传说中，说神农有田一顷二十亩，内穿凿井九口，用以灌溉和护理。当然还会有其他的一些看护和管理手段，只是没有写出来罢了。

原始人对驯化中的植物的看护，可以参照一些少数民族的方法。鸟兽的侵害是原始农业的大敌。有些少数民族地区用篱笆把植物区围起来，或派人看守。广西十万大山地区的瑶族农民在地上插一根竹竿，上头挂有穿孔的竹筒，微风吹来，呱呱作响，禽兽听而生畏，就不敢前来吃庄稼了。这些方法原始人应该都用过。至于凿井灌田，更是重要的植物驯化护理的方法。

其三，农业工具的发明和改进。

神农"作陶冶斧斤"。陶冶，指陶器，制陶技术，它是与农业、定

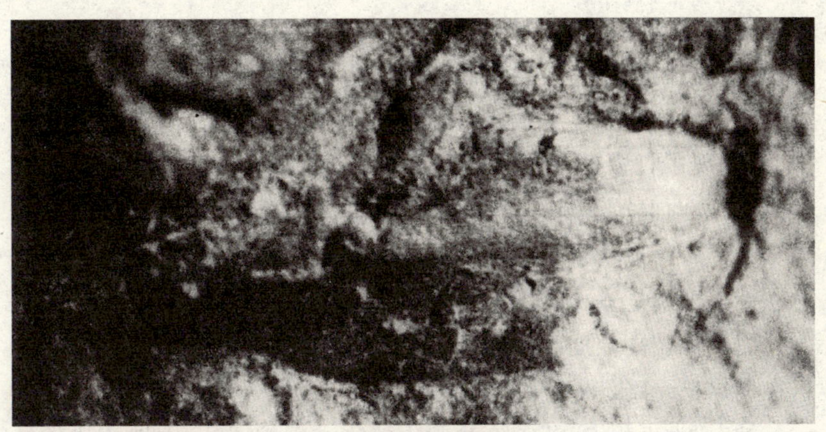

粘在陶片上的稻壳

彭头山遗址灶坑

居同步的。可以说制陶技术的发明，是人类进入文明时期的一个重要标志。凡新石器文化遗址中，都有制器工场和陶器。

至于“斧斤”，那应该是最原始也是最重要的一种农业工具。《诗·齐风·南山》：“析薪如之何？匪斧不克。”析薪，可以指把荒野中的树木砍伐掉，也可以指把树木分解开来作柴使用，都离不开斧。

而这斧,正是神农氏发明的。

这一点已在原始人居住的遗址中得到了证明。在当时条件下,离开了斧要砍伐树木简直是不可能的。在裴李岗和仰韶文化遗址中,都发现了许多的石斧,一般都取材于砾石,比较厚重,呈梯形和长方形,两面磨刃。除少数直接操作外,多数装有木柄。普列汉诺夫认为:“石斧最初是没有斧柄的。史前考古学很确凿地证明,斧柄对原始人来说是一个相当复杂而又困难的发明。”(《论艺术》)我国的先民到仰韶文化期已经攻克了这一“相当复杂而又困难的发明”,这在世界上无疑是先进的。

神农“为耒耜锄耨”。除对驯化植物进行护理外,土地的耕作是最为重要的,于是神农氏在实践中发明了“耒耜锄耨”,使土地能为植物提供更多的养料和生长条件。

河南新郑裴李岗遗址、密县峨沟北岗遗址、河北武安磁山遗址都距今八九千年,当时耜耕技术已经有了一定的发展。在火耕时期,盛行用一种尖棒播种,在此基础上,经过不断改进,发明了耒耜。耒有单齿和双齿之分,耜与耒相似,只是耜冠是板状的。在浙江余姚河姆渡还发现过木铲,发现了大量骨耜,石耜就更多了。耒耜的发明和改进,大大提高了农业水平。

值得注意的是,在裴李岗和磁山等遗址已经出土了精致的石镰,呈拱背长条状,通体都磨光,刀刃部有细小的锯齿,柄部较宽,且往上翘,下部有供拴绳用的缺口,说明石镰安有木柄。这一发现说明镰刀使用的历史十分古老。还有一些地方发现有蚌刀作随葬品的,可见镰刀不只有石制的,还有蚌制的。

我国是古老的农业大国。无论是神话传说,文字典章,还是地下发掘,都证明我国早在八九千年前就进入了农业社会,至于作为农业发明者的神农氏,恐怕不会是一个人,而是一个庞大的社会群体。

印度稻？日本稻？非洲稻？中国稻？

稻谷起源之谜

稻谷是人间的珍品，人类的主食，“食人间烟火”，主要指的是以稻谷为食粮。那么，稻谷的发源地在哪里呢？人们历来把稻谷分别称为印度稻，日本稻，非洲稻，可是，近些年的地下发掘发现，告诉人们这些观念恐怕不对了，早在公元前5000年、6000年、7000年、8000年，在中国这块古老的土地上，就有稻谷的生长和培植，可见，稻谷起源的历史得加以改写，稻谷的命名也得更改。

有一种传统的观念，认为稻米有两种基本亚种，一种是籼稻，被称为印度稻；另一种是粳稻，被称为日本稻。另有一种非洲稻，那是籼、粳齐全的。一提到水稻，人们就会想到这三地是其发源地。

是这样吗？历史是无情的，也是最雄辩的，多多少少的地下发掘资料证明了，水稻发源于中国，至少中国是水稻的发源地之一。

较早的，人们认为华南地区是我国稻谷的发祥地。在广东省曲江县著名的石峡遗址中，发现了为数相当可观的稻作农业遗存。石峡下文化层中有些火烧过的草拌泥(墙壁涂料)中,或灶坑边烧过的硬土块中,都有许多稻壳和稻草碎屑。有的灰坑中还发现有零星的炭化稻米。有九座墓葬中随葬品中有稻谷或稻米 ,发现时已与泥土凝结在一起成为团块。根据鉴定,这些稻谷和稻米均属于栽培稻,包括籼稻和粳稻两种亚种,而两种中又以籼稻为主。鉴于许多籽粒不够充实饱满,且大小不一,反映当时品种不纯,种植技术也还比较原始。

据此,相当一段时期,人们普遍认为岭南的两广地区是水稻发源地,长江流域的水稻品种和水稻种植技术是从岭南传播过去的。

华南大部分地区处于北回归线以南,气候炎热,几乎全年无冬,雨量充足,天然食物资料十分丰富。当时野生的稻类植物可能到处都有,人们完全可能通过采集走向种植,事实上也已经走向种植。但令人疑惑不解的是,在那里,其他可口的食物,包括水果,漫山遍野都是,华南人为什么偏偏会偏爱于水稻?要知道,培植水稻比起采撷果品和种植果树来,要困难得多。就是说,作为远古时代的华南人来说,没有迫切必要发展稻作农业。偶尔或少量种植一些,是可能的。石峡遗址的先民就可能是在这样的情况下试着种植的。

这当然只是一种揣测,但这种揣测被后来大量的长江流域的地下发掘证实了。

浙江余姚的河姆渡文化遗址发掘使人惊讶,在其第四层 4000 余平方米的范围内,普遍存在着稻谷、稻壳、稻草的堆积,最厚处有 1 米以上,经过换算,稻谷总量高达 120 吨以上。稻谷经鉴定,属于栽培稻籼亚型种中晚稻型水稻。这证明,在公元前五六千年,在这块土地上的先民已经学会了大量种植水稻。

后又在长江流域发现了新石器中期的城背溪文化和彭头山文

化,其年代约相当于公元前 7000 年至前 5000 年。在这两个文化遗址中,已不止一次地发现了稻谷遗存,有的是用稻壳掺在泥土中抹墙壁,有的用稻壳碎末掺在泥土中做陶器。

另外,同属于长江水系的陕西汉中盆地亦发现有较早的稻谷遗存,分别出于西乡李家村和何家湾遗址,年代约在公元前 6000 年到前 5000 年。

这些稻谷种植已早于以前认为可能是稻谷发源地的印度恒河流域和东南亚山地所发现的稻谷遗存。

更为重要的是长江中游地区湖南澧县的发现。

1988 年 11 月初,湖南省考古研究所的裴安平带领一支 17 人的考古工作队赴澧县支持发掘彭头山遗址。在那里,发现了一颗炭化稻谷,用放大镜一看,该炭化稻谷与现代水稻相似,而这种人工栽培的水稻距今有 8000 年上下。2002 年 4 月中旬,在离彭头山不远的湖南澧县梦溪乡八十当发现远古人类遗址,遗址中发现数以万计的 8000 多年前古栽培水稻。水稻谷粒积淀在一条河道中,可能是人们用以祭礼天神、水神、河神的。

“八十当古稻”与现代栽培水稻有不少相似处,但也有许多差异:一,“八十当古稻”颗粒参差不齐,最大的一颗比最小的一颗大 4 到 6 倍;二,现代栽培的水稻可分为籼粳两大类,而“八十当古稻”则没有籼粳之分。从显微镜下观察,类似籼稻的稻谷,其微结构却有许多粳稻的特点;三,“八十当古稻”完全是一种籼粳未分家的混合群体,与野生稻又有某些相似之处。可以肯定,“八十当古稻”是介于野生稻与现代栽培稻之间的一种中介形态,它为我们研究野生稻如何演变为现代栽培稻提供了十分难得的实证资料。

事实证明,中国是水稻的发源地之一。而中国这块发源地中,尤以长江中下游为主要。我们虽然不能据此否认印度、非洲同为水稻的发源地，但中国水稻来自印度、非洲的神话却因考古发掘的深入而破灭了。至于日本的稻谷完全是从中国传播过去的，因此差不多所有学者都建议，将日本稻改称中国稻。

台湾最早的人类

“东山陆桥”之谜

现已知台湾最早的人类是发现于台南县左镇乡菜寮溪距今2～3万年前的“左镇人”。台湾最早的文化为发现于台东县长滨乡八仙洞的距今约3万年前的“长滨文化”。人们不禁要问，“左镇人”和“长滨文化”的源头何在？如果说，这些远古人类和远古文化来自大陆内地的话，在当时尚未发明水上交通工具的情况下，原始人类是如何跨越台湾海峡到达台湾岛的呢？

“左镇人”化石有顶骨和臼齿，共5件标本。“左镇人”化石中的右上臼齿齿冠宽10.5毫米、厚12毫米，较湖北长阳的早期智人化石小，比现代中国人大，大致与广西柳江的晚期智人接近。右下第一臼齿很接近福建清流县狐狸洞发现的“清流人”。看来，“左镇人”、“清流人”、“柳江人”均属于我国旧石器时代南部地区的晚期智人，他们的体质形态基本相同，存在着共同的起源，是从华南的直立人元谋人经早期智人阶段演化而来的。

“长滨文化”出自八仙洞的海蚀洞穴中。在海拔104

米的乾元洞中有20多件大型石制品,年代在15000～30000年之间。在海拔70米的海雷洞中有100多件石制品,还有少量骨角器。在海拔20～30米的潮音洞中,共采集到3000多件石制品和100多件骨制品,距今约5000年。那里的大型石器的原材料采自八仙洞附近海滨的砾石滩,主要用锐棱砸击法生产石片,石片石器占绝大多数,单面加工为主,打片后的石核略加修改便成为砍砸器。

利用砾石加工成大型石器是华南旧石器时代的特点并延至新石器时代。锐棱砸击法生产石片则起源于贵州省水城市硝灰洞。骨角器也是华南旧石器时代晚期到新石器时代的重要特征,这些都雄辩地告诉我们,台湾的"长滨文化"之源在华南。

考古资料证明了:台湾的最早人类来自大陆内地,台湾的最早文明也来自大陆内地。

问题在于:浩浩海峡,把大陆与台湾阻隔,在当时尚未发明渡海的水上交通工具的远古时代,大陆人类怎样走向台湾、大陆文明怎样传向台湾的呢?

这要从海平面的变迁谈起。

地球从200万年以来,一直处于冰期和间冰期的反复交替中。当冰期到来之时,海洋中大量的水蒸发变为冰聚积在陆地上,这样,海水明显减少,海平面不同程度地下降。在新生代第四纪时,欧洲和美洲北部都被冰雪所覆盖,大海水位大幅度下降,距今二三万年前,大海水位至少下降了40米。

可以作这样的假设,在那个时期,如果台湾海峡的某些部分水深大至在40米或40米不到,那由于海水水位的下降,台湾海峡的海底可能成为"陆桥",当时的大陆人就可能脚踏"陆桥",从大陆走向台湾。

这条"陆桥"终于找到了。据测,台湾海峡水深一般在100米以下，有四分之三海域水深小于 60 米，但也有部分水深只有三四十米的，那就是台湾浅滩、南澎湖浅滩、北澎湖浅滩和台西浅滩，这四处水深都在 40 米以下的部分刚巧连成一条线，横亘在海峡中间，成为连结大陆和台湾的一条陆桥，这就是今人所称的“东山陆桥”。

看来，台湾最早的人类就是从“东山陆桥”那里迁徙到台湾去的。

“东山陆桥”的存在是客观的。上世纪 80 年代，在陆桥两端发现了形体相似的人类化石，还发现了大量同种同类的哺乳动物化石，这就雄辩地说明，在相当长一段时间内，“陆桥”成了两岸往还的惟一通道。

铜石并用

黄铜冶炼之谜

在姜寨半坡型遗址的一间房子里，非同寻常地发现了一块残黄铜片。这可以说是“中华第一铜”，可以看成是人们认识金属的肇始，而它的时间是在距今五六千年前。

当然，这只是一种肇始，它并没有真正进入原始人的生活领域。只有当人们用铜制作某种器具，尤其是制作某种生产用具时，人类才真正跨入了所谓的“铜石并用时代”。

铜和许多其他金属一样，一开始就以美丽的光泽吸引了我们的祖先。而铜的特有延展性、耐用性和不易破碎的特性，又在我们的祖先面前展现出一个崭新的世界。因此，人们总是把铜的发明权奉献给了历史上的伟人、圣人。中国的古文献中有“黄帝采首山之铜，铸鼎于荆山之下。”(《史记·封禅书》)和“蚩尤作冶”(《尸子》)、“蚩尤以金作兵器”(《世本》)的传说，正是这样一种民族心理的反映。

其实，最初始的铜的发现也许只是一种偶然，发现和发明冶铜的也不是什么伟人、圣人，也许只是普普通通的百姓。姜寨铜片就是一个明证。姜寨的残黄铜片是在一家普通的房子的遗址中发现的。也许,房子的主人只是原始公社的一个普通社员,他在采集植物或狩猎过程中,发现了含铜量相当高的一块铜锌矿石,于是带回家去,利用炉火加以重熔,就成了中华大地上第一块人工加工过的黄铜片。北京钢铁学院冶金史组的专家经过反复实验,取得了共识,他们认为:“早期黄铜的出现是可能的,只要有铜锌矿存在的地方,原始冶炼(可能通过重熔)可以得到黄铜器物。”(北京钢铁学院冶金史组:《中国早期铜器的初步研究》)

如果说姜寨发现的那块残黄铜片具有某种偶然性质的话,那么,一二千年以后龙山文化遗址中展示的铜器和铜炼渣,则具有某种必然性了。

在龙山文化时期,生产力有了相当的发展,犁耕的出现提高了劳动生产率,也提高了翻地质量,还为畜力的利用提供了某种可能性。石制工具和用具的水平已经达到了极致。石制过程中的切割法和管钻法技术广泛应用,磨制成为制作石器的必然步骤。但是,石制物品的天然缺陷——笨重,不够锐利,无法通过广延改变自己的形态——限制了生产的进一步发展。可以说,石制制造技术和应用范围已经到了它的顶峰,易言之,也到了它的末路,人类在跨入文明社会之前,需要有另一种性能比石器更好的物品属类来辅助石器。这样,铜石并用时代的到来具有某种必然性了。

到了龙山文化时期,铜器被相互之间没多少联系的原始人普遍地发现和发明了。可以说,那时黄铜已是满天星斗了。

在山东胶县三里河发现了两段残铜锥。两段残铜锥发现于两地,而且先后两次发掘时发现的,但其形状和粗细程度相像,粗口大致能对接,成份也相似,可见其为同一物件的断残物。

山东诸城呈子的残铜片。

山东栖霞杨家圈的一段残铜锥。杨家圈的矿石主要是孔雀石,即碱式碳酸铜。在杨家圈还发现了一些炼渣和矿石碎末。

山东日照尧王城发现有铜炼渣。

山东长岛店子发现有残铜片。

河南登封王城岗发现的一件残铜器片。

河南临汝煤山发现的炼铜坩埚残片。这些坩埚残片分别发现于两个灰坑中,内壁保留有一层固化铜液,有的有好几层,最多的有六层。可以想见,这些坩埚是多次使用的。

山西襄汾陶寺的铜铃。这是墓葬随葬物。铃高 2.65 厘米,横剖面呈棱形,长 6.3 厘米,宽 2.7 厘米。系合范铸成,顶部钻有一孔。在铃外还包有布,可见对此铃是十分珍视的。

河北唐山大城山发现有两块穿孔铜片,穿孔方法系两面对钻,与石器钻孔方法一致。

内蒙古伊克昭盟朱开沟遗址发现有铜锥、铜手镯。

湖北天门石家河遗址,发现有不少铜块。

在黄河上游的齐家文化,多处发现远古铜器,种类有刀、锥、匕、指环、斧、镜等。

这是距今约 5000 年的龙山时期的文化状貌的一个侧影。铜,作为一种全新的、经过人工加工的物品,进入了人类的生活领域。

上述来自远古的遗物告诉我们,早在原始社会末期,我国的原始先民已经掌握了最原始的冶炼技术,坩埚的发现证明当时人已经为冶炼发明了特殊的冶炼工具。从现在看到的原始黄铜是铜、锌合金,专家们一致认为,它不可能是原始人有意掺锌制成的合金黄铜,而应是利用铜、锌氧化共生矿矿石在木炭燃烧下冶炼出的产品。

这些来自远古的铜器遗物还告诉我们,这时铜已经渐渐进入人们的生活领域,尤其是生产领域,但范围很有限,而且只是一些小件手工工具,挑起大梁的还是石器。在原始铜器中发现了不少铜锥。

《管子·海天》将锥与斤(斧)、锯、凿并列为古代人的四大工具,锥的进入生产领域应该看成是一件大事。此外,铜器还有以斧、刀、匕等形态出现的,这也应该受到充分重视。

值得注意的是,黄铜也被远古的人类用来作为日常用品的,如镯、指环、镜等,也有制成乐器的。这证明,铜正越来越受到人们的青睐和重视。不过,由于当时的冶炼技术还十分低劣,黄铜的坚韧度、硬度都还比不上石质器具和骨质器具。这种种弱势,决定了它在相当长一段时间内还唱不了主角。

在翦伯赞先生主编的《中国史纲要》中,在范文澜著和郭沫若著的《中国通史》中,以及在周一良、邓广铭、唐长孺、李学勤编著的《中国历史通览》中,都没有提到铜石并用时期,只有在白寿彝主编的《中国通史》中,专列"铜石并用时代",并标出时间概念为公元前3500年至公元前 2000 年,这是从石器时代走向青铜时代的一个过程时代。至于这种划分是否妥当,有待于更深入的研究。

大家和小家

原始村落布局之谜

村落，我国远古时代人们聚族而居的基本形式。深浅不一、弯弯曲曲的一条环围沟，把内外切割成两个世界。沟外，是广阔无垠的田畴和荒野；沟内，是排列有致的、大小不一的房舍，当然还有烧制陶器的窑场和安葬逝者的墓地。在这些充满神秘气氛的房舍中，有着怎样的原始初民的生活之谜呢，这是我们要探讨的。

原始的初民走出洞穴以后，就住进了由他们自己打造的村落中。

村落处处可见人为的斧凿之痕，也许是为了安全，村落都由一条外环围沟包裹着。这些外环围沟，一望而知是人工挖掘的。从半坡遗址情况看，外环围沟需挖去上万方土才能建成，可见为了整个村民的安居，初民们是不惜劳力的。在工具十分落后的情况下，那简直是一个难以想象的奇迹。

外围沟内的主体建筑是初民们的居室。可以看出，凡是有原始村落的地方，房舍的排列都是错落有致的。从一些村落的布局看，似乎有这样一些特点：其一，房舍环成圈形，北边的房屋门朝南开，东边的房屋门朝西开，西边和南边的房屋的门分别朝东和朝北开。总之，都背对围沟，面向中央广场。其二，所有的房屋都可以归入一定的“群”中，一“群”中都搭配有大、中、小三种房型。其三，房群又可细分成一定的单元。

这样看来，村落，房群，房屋单元，这些原始初民精心设计的构架，代表着当时的社会结构和人群走向，是很值得加以研究的。

我们可以以陕西临潼姜寨文化遗址的村落为例，进行剖析。

姜寨村落分为居住区、窑场和墓地三部分。居住区位于整

姜寨村落想象图

个村落的中央，居住区与窑场区和墓地区有深浅不一的壕沟分开。在东南部，越过壕沟就有两片墓地，西面靠近河岸边是一个不太大的窑场。这样，生活、生产和丧葬被分割得十分清楚了。

姜寨小型居址面积一般都在 20 平方米以上，比起北方最早的小型居址来，条件是大大改善了，最初发现的小型居址只有 5～7 平方米，现在在面积上大约增加了三倍，屋室的质量也比原先有所提高。每个小型居址内都有火塘，可供 2 人到 4 人起居所用，可能还可多住些人。这是个标准的小家庭的住所，是最小、最基础的社会单位，中国最早的“家”的概念应该就产生于此。

五至六个小型居址很紧密地结合成一个群体。在这个社会群体中有一间中型居址，面积在 20 平方米到 40 平方米之间，有的还超出 40 平方米(这由这一群体的实力来定)。室内有大一点的火塘和土床，有的还有 2 个土床以至更多的土床，可供 10 人以至于 15 人居住和活动。它的附近有窖穴，表明食物的贮藏与分配权利掌握在这个共同体内，而最小的家庭范围内是没有这种权利的。这一群体在先民的生活和生产中可以发挥相对独立的作用。

大型居址多在 70 平方米以上，最大的有近 130 平方米的。在大型居址的室内也建有火塘和土床。这里除了可以供一些人日常起居外，还是举行集合和特别仪式(祭祀、丧葬、成年等仪式)活动的场所。它是仅次于全村的第二级的共同体。在一些大型居址附近还有牲畜圈栏和牲畜宿场，窑场是重大的工程，也为这一级组织所拥有，事实上低一级的组织没有能力去制陶。在姜寨还发现了我们国家至今发现得最早的黄铜残片，冶铜技术更复杂些，非得有全村通力合作不可。

姜寨的聚落一共分成 6 个相对完整(生产与生活设施齐全)的组群。

考古专家作了这样的分析，上述由居址反映出来的几级组织，反映的应该是家庭、家族、氏族、胞族四个级别。胞族相当于村落，下面几级都统辖于胞族之下，而如果通俗地讲，那就是大家庭与小家庭。当然，当时的小家庭还是不完备的，甚至不稳定的，与现代意义上的小家庭不可同日而语的。

知母不知父

儿随母葬之谜

在我国许多最古老的传说中，在诸多文史典籍中，都认为在历史上曾经有过一个“知母而不知父”的时代。在新石器时代的考古发掘中，进一步验证了这一点。

在当今社会，全世界有实行父系继嗣制的，也有母系继嗣制的。据统计，在世界上 563 种文化中，实行父系继嗣制的有 223 种，大约占 40%，而实行母系继嗣制的有 84 种，约占 15%，余下的 256 种是双重世系或两可世系，约占 45%。据此，有些国外的人类学家认为：“没有任何理由再相信母系一定比父系更为古老，甚至我们可以认为，母系是父系的派生制度。”

这是一种随意地涂抹历史和简单地以今律古的错误观点。大量的史籍记载和地下考古发现，都证明着在父系社会之前，曾经有过一个漫长的母系社会。

中国远古留存下来的神话传说中的英雄，多为妇女英雄形象。《大荒东经》曰：“十日并出，炙杀女丑。”“女丑”是一个劳作妇女的杰出代表人物，她的“丑”不是生来如此，而是经风吹、雨淋、日晒，再加上不断劳作所致，最后被“炙杀”。《淮南子·天文训》曰：“女夷鼓歌，以司天和，以长百谷禽兽草木”。这个“女夷”了不起，长百谷，驯禽兽都归她管，她不正是母系社会首领的形象吗？中国神话传说中家喻户晓的女娲，据传是她“抟土造人”，是她“炼五色石以补苍天”，她不是社会首领还能谁是呢？填海的“精卫”，也是女性所化，她的移山填海之功，为万世敬仰。

史书也为我们描画出了一个“知母而不知父”的社会形象。“殷契，母曰简狄，有娀氏之女，为帝喾次妃。三人行浴，见玄鸟堕其卵，简狄取吞之，因孕生契。”（《史记·殷本纪》）“周后稷，名弃。其母有邰氏女，曰姜原。姜原出野，见巨人迹，心忻然说，欲践之，践之而身动如孕者。”（《史记·周本纪》）“秦之先，帝颛顼之苗裔，孙曰女脩。女脩织，玄鸟陨卵，女脩吞之，生子大业。”（《史记·秦本纪》）这些都是历史上曾经存在过“知母不知父”的母系社会的明证。

还有，中国最古老的姓氏中，多从女旁，如姜、姬、姚、妫、姞、嬴、姒、嫪、如、妘、妙、娥等，进一步证明我国远古时代曾经经历了母系氏族社会。

地下发掘是最为权威的。近百年来，尤其是近一二十年来的考古发现，进一步证明了母系社会的存在。

在仰韶文化遗存中，不见成年男子和小孩的合葬墓，只见到成年女子和小孩的合葬墓，如：

商县紫荆遗址，有一位中年女性及儿童的合葬墓，皆为一次葬。

王家阴洼遗址，有两座墓葬，皆为一成年女子与一小孩合葬。其中一成年女性，仰身直肢，位于墓穴当中，左侧置一小孩，小孩的头骨贴在成年女性的左臂骨上。从中我们不只看到先民的伟大的母爱，也表明了成年女性在孩子心目中的权威。

姜寨遗址一座瓮棺中，埋着一成年女性和小孩。

元君庙遗址中有好几座成年女性与小孩的合葬墓，有的还是迁葬后埋在一起的。

从中我们可知，合葬墓为代表的亲属体的血亲关系，是依母系传承的。它是一个由几代人组成的母系最亲近亲属集团，即是以血缘关系联结起来的包含三四代人、人数相当多的母系家族。这类家族实行对偶婚。家族中女子的“丈夫”和男子的“妻子”，都不包含在同一家族中，这样一来，家中男女人数的多少，完全受自然规律所决定，不会因缔结婚姻而得到调整。

一些原始人对女孩的埋葬十分的重视，也是最能说明问题的。陕西华县元君庙 29 号墓埋葬有两个女孩，用红烧土块铺垫墓底，并以成年人形式安葬，随葬品有 6 件陶器，还有 785 枚骨珠。在西安半坡、临潼姜寨遗址，也有类似的情况。为什么对少女如此重视？因为女继承人的存在与否，关系到氏族的兴旺和发达。没有女继承人，氏族就面临灭亡。普列汉诺夫指出：“氏族的全部力量、全部生活能力决定于它的成员的数目。”（《论艺术》）而在母系社会，氏族成员的数目，则完全是由女继承人决定。女继承人的死亡和夭折，对整个氏族来说简直是一场灾难。

在母系社会，妇女处于备受尊敬的地位。从临潼姜寨墓看，男子每人平均随葬品为 4 件，而女子随葬品为 6 件，女多于男。个别女子有更多的随葬品，如七号墓中女子随葬品有石器、陶锉各 1 件，石球 12 件，陶器 4 件，骨管 1 件，玉坠饰 2 件，由 8577 枚骨珠串成的项链一副。这些都说明当时妇女的地位是十分崇高的。

妇女社会地位的崇高,从根本上说是由妇女在生产中的地位决定的。正如普列汉诺夫说的:“妇女发明了编织细工,陶器艺术;纺织;农业。”(《论艺术》)在原始社会初期和中期,妇女是真正的发明家。就是在人类的幼年期,人们也知道尊重发明家。

杀婴，抑是自然因素？男女比例失调之谜

有人对中国新石器时代墓地人骨化石作了统计，发现其男女比例严重失调。于是各种猜想纷然而起，有的认为这是人类杀婴恶习所致，有的认为这与某种宗教信仰有关，有的还认为这是自然因素造成的。究竟原因何在？至今还是一个难解的谜。

在写到新石器时代氏族人口数量推测时，白寿彝主编的《中国通史》注意到了一个现象：男女人口的失衡，不是一般的失衡，而是严重的失衡。

《通史》首先对半坡类型的史家村遗址进行统计研究，能确定的成年人为665人，其中男性为441人，女性为224人，男性占66.3%，女性占33.7%，成年男女的比例为1.97∶1。元君庙遗址能定性别的成年人为152人，男性为91人，女性为61人，男性占59.9%，女性占40.1%，成年男女之比为1.49∶1。两地成年男女平均比例为1.86∶1。

《通史》又对刘林遗址作了分析。刘林第二次发掘了

145 座墓葬，被确定性别的成年人是 121 人，其中男性为 67 人，女性为 54 人，男女比例为 1.24∶1。邳县遗址发掘 27 座刘林期墓葬，成年男性 14 人，成年女性为 9 人，成年男女比例为 1.56∶1。两地成年男女之比平均为 1.29∶1。

《通史》在分析时排除了自然因素，因为作者认为，不管任何历史时期，男女出生率基本相同，男女儿童人数应当相近。《通史》还排除了原始社会不同时期种种社会因素造成了男女比例失调，因为半坡期处于母系氏族时期，而刘林期处于父系氏族时期，两时期同时都男女比例失调，这正好说明这与母系还是父系无关，至少无大关系。

《通史》以并不十分肯定的口吻道出了这样一种解释："半坡类型妇女除和男人担负着至少是同样的繁重劳动并过着艰难生活外，在当时医疗水平低下情况下，生育和抚养子女损害了健康，甚至夺走了她们的生命，无疑，是妇女较男人衰老得更早更快，和活到较高年龄愈来愈少的主要原因。元君庙半数以上妇女死亡于 15～30 岁的事实，应是这一解释的重要根据。刘林期和半坡期成年人口性别结构的差异，或许和妇女劳动条件及妇幼卫生的变化有关。"

这个解释显然是勉强而软弱无力的。人类离开原始社会进入奴隶社会、封建社会，甚至资本主义社会以后，"繁重劳动并过着艰难生活不变"，"生育和抚养子女"不变，可为什么男女比例失调基本上不存在了呢？以这两条作为理由，至少是不充分。

知原先生根据近十多年的新发现，对男女失衡现象编制了一张统计表：

序号	文化类型	墓 地 名 称	男性	女性	性比(男∶女)
1	仰韶文化	陕西宝鸡北首岭	55	23	2.39∶1
2	仰韶文化	陕西西乡何家湾	66	45	1.47∶1
3	仰韶文化	陕西华县元君庙	91	60	1.52∶1
4	仰韶文化	陕西临潼姜寨·1	68	51	1.33∶1
5	仰韶文化	陕西临潼姜寨·2	1 170	683	1.71∶1
6	仰韶文化	陕西渭南史家村	441	224	1.97∶1
	小 计		1 891	1 086	1.74∶1
7	大汶口文化	山东兖州王因村	547	233	2.35∶1
8	大汶口文化	江苏邳县大墩子	149	98	1.52∶1
9	大汶口文化	山东胶县三里河	31	19	1.63∶1
10	大汶口文化	山东诸城呈子	26	14	1.86∶1
11	龙山文化	山东胶县三里河	48	36	1.33∶1
	小 计		801	400	2.00∶1
12	齐学文化	青海乐都柳湾	42	18	2.33∶1
13	崧泽文化	江苏海安青墩中层	31	15	2.07∶1
	小 计		2 765	1 519	1.82∶1

（见《人之初》四川教育出版社出版）

很显然，这里列举的材料更全面，从中也反映出了地区性特征。黄河上游甘青地区性比稍低，平均值为 1.35∶1；黄河中游附近地区性比值稍高，平均值为 1.74∶1；黄河下游山东地区性比更高，平均值为 2∶1。但男性普遍地多于女性是一致的。

知原先生认为造成性比例失调的原因是多重的，其中也会有食物方面的原因。食物对男女性别造成一定程度的影响。多食碱性食物生男孩的可能性比较大,反之多食酸性食物则生女孩的可能性比较大。碱性食物一般包括在各类蔬菜、水果、茶叶和海藻类中,酸性食物一般指鱼类、肉类、虾蟹、鸡蛋、谷物和豆类。人类在早期总体上讲还是蔬食群体,因此自然生男比生女多了。

知原先生认为,杀婴,尤其是杀女婴,更是造成男女比例失调的原因。达尔文曾经注意到原始部落中异常性比例问题,他进行调查后发现,南太平洋纽西兰人男女性比例为1.4∶1;印度托达人为1.3∶1;夏威夷考爱岛和瓦胡岛人为1.2∶1,达尔文经分析后认为,杀婴可能是异常性比形成的一个重要原因。他在《人类原始及其类择》中说:“谋杀婴儿之事,在世界极大规模内通行之,不受非难,其中尤以杀女婴竟认为对于部落有益,或至少亦无害。”中国新石器时代的人们也可能出于这样的观念杀婴的。

一些学者还认为,生活艰难导致妇女妊娠性比例偏高,这样,出生比例高了,男性自然会多于女性。还有,从自然死亡率讲,女性也会高于男性,这样日积月累,男多女少现象也就出现了。更有一些学者强调了宗教方面的因素,认为原始宗教是倾向于以女童牺牲献祭的,在我国黄河流域史前居址的灶坑、墙基、墙壁中都见到过为奠祭而杀殉幼童的尸骨。当然,这些都仅仅是一种猜想,要真正解开男女比例失调之谜,还有待时日。

精制的石犁

良渚人耕耘之谜

良渚文化所在地在古扬州境内,《吕氏春秋·有始览》:"东南曰扬州,越也。"史传太伯奔吴,越人为夏少康庶子无余的后裔。越地江湖甚多、物产富饶,无余的后裔们在这原称为"荆蛮"的地方,发展了稻作农业,开拓了一片文明的新天地。在良渚发现的我国最早的石犁,正是稻作农业相当发达的反映。

正当黄河流域的耕作农具长期徘徊于石铲、石耜、石锄的时候,后起的被称为"荆蛮"之地的越地,却跳跃式地从锄耕农业一下跃进了犁耕农业,为我国的稻作农业拓展出一片新天地。

良渚文化遗址的发掘告诉人们:早在距今 4000 来年前,吴越地带的先民已经十分普遍地使用犁铧、破土器和耘田器。由于这些农业器具的运用和推广,使这一带的农业有了突破性的发展。

石犁形体呈扁薄等腰三角形,犁尖夹角大约为 40°~50°之间,两腰有刃,中部有一至三孔。小者长仅 15 厘米,大者长近50厘米，后端略平或内凹。在制作上，应当说是十分精巧的。

这种石犁确切地说只是犁的工作部分铧，而这种犁铧必须固定在犁床上，才能真正工作。犁床由两部分构成，下为垫木，上为木板，石犁头嵌装在二者之间，在穿孔处以木钉固定，而石犁仅刃部外露。这样安装是为了保护石犁，使其不易折损，又便于更换犁头。另外宽大的木犁床在水田中有一定浮力，耕作时更方便更省力些。犁床又与犁柄相连，其上装有长辕。

同以往锄耕农业相比，犁耕可以节省体力，大大提高工作效率。良渚文化地区水网密布，沼泽甚多，其中常丛生芦苇和其他杂草，要把这些土地辟为农田，必用犁铧及破土器，才能将芦苇的根部挖除，杂草也才能斩草除根。再说，土地经犁翻耕后，土壤松软，减少了病虫害，对地力的恢复极为有利。犁的出现，为开垦荒地创造了必备的条件，也为条播和中耕技术的产生创造了条件。犁对于农业之功可谓大矣！

有了犁，就有犁耕，那是没有问题的。但犁耕的牵动力是什么？这方面答案并不相同。

郭文先生编著的《文明的曙光》一书断言，“最初的犁是由人力牵动的。”不少相关著作几乎都这样认为。有些史著还作了充分的想象，认为当时的犁耕一般是由一人扶犁把，两人用绳索在前面牵引。

这种可能性不能说没有的。在犁发明的最初阶段，可能会有这种情况出来。但是，实施一段时间以后，人们一定会发现，这样三个强劳力的犁耕，还比不上三人独自操作的耒耜耕作效力高。实际上，如果坚持以人力牵引，犁耕的优势也就发挥不出来了。

应当说，犁耕本就是为畜力牵引耕作而产生的。正如马克思指出的:“畜力的使用是人类最古老的发明之一。”(《资本论》)可以相信,这一“最古老的发明”是产生于原始社会的。

水牛在南方的驯化,至少已经有了7000年的历史。在彭头山文化遗址,就发现了完整的水牛骨骸,虽然学者难以据此判断是肉牛还是役牛。在江苏吴江梅堪遗址还出土了7具完整的水牛头骨化石。在附近太湖流域也发现了不少水牛遗骸。我们不禁要问:人们如此热中于牛的饲养,难道只是为了食用吗?牛的力大无比,牛的温驯(虽然在特殊情况下要发牛脾气),本身就为它的成为耕田的牵引力创造了一切必要条件。良渚文化和吴江等地的古文化同在太湖流域,他们有了几千年的养牛史而不知将牛用于耕耘,那实在不可理解的。可以比较肯定地说,良渚地区石犁的出现,已足以说明时人使用畜力牵引耕地了。

附带说一句,这畜力可能不仅指牛,还可能指犬。在良渚石犁中,最小的只有15厘米长。如此小巧的石犁显然是不适宜于牛耕也不适宜于人耕的,惟一可作解释的是以犬来牵引石犁,可名之为“犬耕”。

谁是嫘祖？

中华织造之谜

养蚕织丝是我国对世界文明的重大贡献。著名的丝绸之路曾经是连结东西方的纽带和传播文明的桥梁。古代希腊、罗马曾以艳羡的口吻称中国为“丝绸之国”。古罗马贵族们抚摸着来自中国的丝绸时，简直不敢相信人间会有如此尤物。面对如此光彩照人的中国丝绸，人们不禁要问：丝织之源何在？传说黄帝元妃嫘祖“始蚕”，那究竟是怎么回事呢？

嫘祖教民养蚕织丝的故事，是充分神话化了的。据传，有一次黄帝打了大胜仗，为了庆祝胜利，特地举行了盛大宴会。宴会上，黄帝妻子嫘祖捧出两绞蚕丝献给黄帝。那两绞蚕丝一绞黄得像金子，一绞白得像银子，黄帝十分喜爱，便让人织成绢，再制成衣服。从此，“嫘祖始蚕”。(《路史·后纪五》)嫘祖又要养蚕丝织，又要陪黄帝出巡，十分的辛苦，“帝周游行时，元妃嫘祖死于道，帝祭之以为祖神。”(《轩辕本纪》)。这当然只是一则神话传说故事，在历史上，嫘祖怕未必实有其人，它只是先民发明织造艰难历程的一个人格化缩影而已。

其实，人类的织造并不从养蚕丝织始，最早的织造当是麻织。考古发现告诉我们，早在仰韶时代就已经有了麻布。根据一些陶器上的印痕知道，当时都用平纹织法，其密度一般为每平方厘米 6×9 至 12×15 根。麻线粗细均匀，线径只有 0.5～0.8 毫米。麻织品的织法和线径的粗细，可以与现代农家平纹布比美，可见在这之前，麻织业已有了一段相当长的发展时期。麻织业少说在我国也已经有了七八千年的历史。

丝织业比麻织业在难度上要高一些，它的发展也要晚一些。

蚕丝作为纺织丝绸的原料，属于动物性纤维，它不但纤长、强韧、能耐酸蚀，且光滑而柔软，具有一定的弹性。最早的蚕是野生的，原始先民在采集过程中发现了蚕，为的是吃蚕蛹，在剥蚕茧过程中发现了蚕丝，并一点点地学得了利用蚕丝来纺织。至于将野蚕养成为家蚕，即一些书籍中说的“嫘祖始劝蚕”，那当是后来的事。

黄帝是我国北方地区尤其是黄河流域传说中的始祖，那“始劝蚕”的嫘祖也该是北方人了，但是，大量的地下发掘表明，“始劝蚕”的现象是发生在南方的长江流域一带的。因此，如果一定要将“始劝蚕”的现象人格化为一个人的话，那么，嫘祖当是南方人了。

至晚到龙山时代的良渚文化中，已经有了丝织物了。再往前推，从河姆渡出土的一件象牙小杯上雕有的确凿蚕纹看，早在六七千年前长江下游一带的先民已经认识了蚕，并可能懂得利用蚕丝。

在浙江吴兴钱山漾文化遗址中，曾发现有丝带、丝线、绢片。丝带分 10 股，每股单纱 3 根，织成两排平行的人字形纹，宽约 0.5 厘米。绢片系平纹织法，经纬粗细相仿，织物密度为每平方厘米 47×47 根。这就是现在看来，也是相当精致的丝织物了。

考古发现表明，良渚人已经懂得了养蚕、缫丝、合股、纺织等技术。

把野生的蚕培育成家养的蚕,其中要经历上千年的历程。而饲养家蚕的重要一环就是桑叶喂蚕。科学家在良渚文化区所作的植物孢粉分析中表明,良渚文化时期已有大片的桑林存在(这可能也是人工栽培的),而钱山漾绢片的原料经鉴定正是桑蚕丝,两者结合起来看,可以推知良渚时期人已经学会饲养家蚕并利用家蚕丝织绢。

应该承认,缫丝对古人来说也是个很不简单的过程,蚕丝的主要成分是丝素和丝胶。丝素透明而不溶于水,是蚕丝的本体;丝胶包裹在丝素之外,有粘性而又易溶于有一定温度的热水中,缫就是为了脱除丝胶。从考古发掘看,当时的先民已经懂得用热水缫丝了,不然即使有了蚕茧也是织不出绢来的。

谁是历史上真正的嫘祖?答案可能是:他们是离现今五六千年的良渚人,确切地说,应当是良渚妇女。

别在腰际的餐匙

远古食具之谜

在人们的想象中，远古先民似乎是以手抓食的，我们在电影里、在书籍中不是时时会看到诸如此类的描述吗？但是，大量的考古发现告诉我们，我国的先民并不是这样的。在远古时代，我国的先民就学会了用种种食具来进行饮食，其中应该有筷子，有餐匙，还有餐叉。

中国最早最具特色的食具是什么？答案应该是毋庸置疑的：筷子。

筷子是一种民间的俗称，讲得文气一点，那就是箸。箸，也可写成“筯”，望文生义，就是助食之具。在中国人的助食之具中，当推筷子为首。在世界上，用筷子助食的民族并不多，而且那些西方民族用起筷子来总是别扭，只有中国人，小孩只要能自己进食了，用不了多少训练，就能用筷子。这是不是说明中国人的手指特别的灵巧呢？这个问题留待人体生物学家和遗传学家去考定吧。

中国人用筷子的历史有多长？恐怕是难以具体考证了。但是，我们敢于说，筷子的历史可以延伸到原始社会。

《韩非子·喻老》有言："昔者纣为象箸而箕子怖。"《史记·宋微子世家》中亦有类似说法。可见，在夏商时代，用竹做的筷子助食已经是十分平常的事了，而且还可能已经普及到了民间。那个商纣王突然要"为象箸"，实在太奢侈了，使忠臣箕子大为恐怖。从夏商再往上推，可知在新石器时代人们已经用筷子那是不会有什么问题的。

那么，为什么我们至今没有发现地下发掘的远古筷子呢？那也是容易理解的，筷子一般用竹、木制成，不像石、骨器具那样能保存久远，过不了几十年就腐朽得无影无踪了。远古时代离我们至少五六千年，我们怎么能一睹当年原始人使用过的筷子的真迹呢？

除了筷子之外，对中国人来说，最具特色、最久远的食具应为餐匙了。

在黄河上游地区发现的齐家文化遗址中，发掘出了大量的骨质餐匙。这些餐匙一式的长条形，柄端无一例外地都有穿孔。十分有趣的是，在这里的墓葬中，这些带孔的餐匙一般都置于死者的腰部。据此，我们可以作出这样的推测，我们的先民当时还没有置办餐厨之类的家具来放置餐匙及其他助食用具，他们就别出心裁地把餐匙别在腰间，那样不只不会遗失，还可每到一处便可解下来使用了。还有一层，既把餐匙别在腰间，也就专属于他个人的东西，这种专人专用的餐具，恐怕也可列入文明习惯中的吧。

餐匙的出土遍及黄河两岸，大江南北。在黄河下游的大汶口文化遗址，他们的餐匙制作得十分的精致，十分的小巧，使用起来一定十分方便。那些骨制的勺形匙，造形十分的美观。可见，当时的人们不只讲究美食，还追求着助食器具的美观了。更为富于深意的是，大汶口文化的许多精美餐匙都是作为随葬品放在死者的手中的。"匙不离手"正好说明了餐匙在中国人的生活中的非同寻常的重要性和地位。

在长江流域也发现了为数可观的新石器时代的骨质餐匙。河姆渡文化遗址有最精美的鸟形刻花象牙餐匙和标准的勺形餐匙，年代大致与黄河流域最早的餐匙相当。

大汶口文化骨匙（山东泰安）

在我国华南，在东北地区，也都发现了各式的新石器时代的餐匙。

用餐匙作为助食工具，这与中国南北都食用稻、黍类食物有关。稻、黍及其他五谷煮成饭以后，或烧成粥以后，是难以用其他餐具进食的，用匙一匙一匙地喂进嘴里既方便，又有利于细嚼慢咽。比起抓食来要卫生得多，也容不得你狼吞虎咽。再说，自从中国先民发明了各种各样的陶器以后，为烧煮汤食打开了方便之门。食汤如果端起食具喝，那是很不方便的，如果用餐匙去食汤，那是最舒服和省事的。

远古时代的骨质餐匙，发展到商周时代变成了青铜餐匙，秦汉时代又出现了漆木餐匙，到了隋唐时代，金银餐匙也问世了。不管怎样变，餐匙这个进食常用具是被永远地保留下来了。

也许难以置信，中国最古老的进食具中还有餐叉这玩意儿。

有人会问:餐叉不是西餐的进食必用餐具吗?怎么能说是中国最古老的进食具呢?不,不是这样的,可以听听知原先生在《人之初》中的一段话:“有的研究者认为,西人广泛使用餐叉进食,是从公元10世纪的拜占廷帝国开始的,也有人说是始于公元16世纪,最多不过是1000年的历史。中国人用餐叉的历史可以追溯到5000年以前,不过我们没有将餐叉作为首选的进食器具,它实际上后来是基本上被淘汰出了餐桌,这显然是因为我们更适合于使用筷子的缘故。”

在考古发掘中,在黄河上游的甘青地区,曾发现有属于新石器时代的餐叉。在甘肃武威皇娘娘台齐家文化遗址,出土过一枚骨质餐叉,为扁平形的三齿叉,样子相当接近于我们现代餐桌上的餐叉。在青海同德县的宗日马家窑文化遗址,发掘到一枚骨质三齿餐叉,餐叉长25.7厘米,齿长9厘米。在黄河流域的其他新石器时代遗址中,还发掘到一些残断的骨质餐叉。

这种使用餐叉的传统至少坚持了二三千年,一直到商代、春秋、战国时代,地下都有不少餐叉发现。不知什么缘故,也许国人觉得使用餐叉实在太费劲,而中国人又习惯于将肉食切碎后煮烧,与西方的整块肉进食大异,于是,餐叉就自然而然地被淘汰了。

通用的饮料

酿造美酒之谜

酒是世界通用的饮料。在世界上，还没有发现哪一个角落不产酒的。在我国，民间以"酒足饭饱"为乐，把酒提到与饭平起平坐的位置，我国的《诗·大雅·既醉》中也有类似的话："既醉以酒，既饱以德。"把酒醉与饭饱并提。从古籍看，在夏禹时，酒已很普及，才会有"帝女令仪狄作酒而美，进之禹"的传说，至于那个"材力过人"的商纣王更是"好酒淫乐"，"以酒为池，悬肉为林"，结果糊里糊涂地断送了江山。那么，酒究竟是如何被发明出来的？它起于何时？这一个个谜，常常引起人们无尽的思量。

中国古代传说中，始作酒者为仪狄。据传，仪狄是大禹的近臣。一天，大禹忽然兴之所至，要仪狄制作一种能消闲、消愁的饮料。仪狄领命而去，便与一些人一起研制出了一种被称为"酒"的饮料。仪狄把酒进献给大禹，大禹喝后，感到十分的甘甜，但过后又使人昏昏然。大禹是一个十分勤劳俭朴的人，喝酒后突发一念：酒这个东西并不好，还是不要酿造吧！《战国策·魏策一》有这样的记载：

“进之禹，禹饮而甘之，遂疏仪狄，绝旨酒。曰：后世必有以酒亡其国者。”传说究竟是传说，不可大信的，英明如大禹，在酒的问题上的看法是不会那样绝对的。事实上，酒的发明也如其他历史上的重大发明一样，不可能由某一“能人”“伟人”创造出来的。

怎样来验证历史上酒的存在呢？不少人以为当然要看有无饮酒器了。《中国通史》依据大汶口文化和屈家岭文化中有饮酒用的

大汶口文化的陶质酒具（山东邹县）

高柄杯这一史实，认定那时已有酒了。到铜石并用时期酒器做得更精致，龙山文化的薄如蛋壳的黑陶杯，良渚文化中那些精致而质优的黑陶杯和漆觯、漆杯，都证明饮酒之风已有大的发展了。

有人不能同意这种观点，认为“要证明何时发明了酿造技术，是否有专用的饮器不是主要的，因为一般的食具都可以借用来作为酒器。考古发现的专用酒器都是礼器化了的器具，不可能是初酿阶段所能出现的事物。”(知原:《人之初》)

那么，如何确切证明酿酒工艺的是否存在呢？知原先生以为，应是看“有没有制成合适的酿具”。

考古工作者在新石器时代遗址中发现了一些带孔的大瓮，经考证，认定那就是具有酿造特别功能的器具。这种带孔的大瓮，在陕西临潼的白家村文化中发现过，在甘肃天水西山坪文化中也发现过，在大汶口文化、仰韶文化的一些文化遗址中更是屡有发现。这证明了：大约早在7000年前，酿酒技术已在祖国大地上遍地开花了。

从中国看，最早酿造的是谷物酒呢，还是果子酒？这似乎也是一个难解的谜。

大多数的专家认为首先出现的当然是谷物酒。《淮南子》中有“清醠之美，始于耒耜”的说法，这里“耒耜”实际上是谷物的代称，作者是认定以谷物造酒是酿造之始的。一些学者还用这样的故事来证明酿造谷物酒的肇始。知原先生在《人之初》中写道：

> 历史上常常有这样的巧事，一些无可挽回的错误与失败，反而铸成了意外的巨大成功，中国远古的初酿成功，可能起因于谷物的保管不善而发芽变质，这种谷物煮熟后食之不尽，存放一段时间后就会自然酒化，这便是谷芽酒。许多次的失败，让人们反复尝到了另一种难得的味道，启发了人们新的欲望，

于是有意识有目的的酿酒活动便开始了。从这个角度来说，古代视酒为“天之美禄”，也可以说是恰如其分的了。

这样看来，似乎谷物酒在果品酒之前了。但是，另外一些专家坚持认为果品酒产生在谷物酒之前，而且言之凿凿。宋兆麟等先生在《中国原始社会史》一书中说得很干净利落。

饮酒是很流行的。最早的酒是用植物的根块或果实酿制的，如以甘蔗、麻根、都柿等酿酒。农业兴起以后，才出现谷物酿酒。《旧唐书》卷一九七载：“俗以椰树花为酒，其树生花，长三尺余，大如人膊，割之取汁以成酒，味甘，饮之亦醉。”游牧民族则以牛、马的乳类酿酒，鄂伦春族和蒙古族的马奶酒是相当闻名的。

这样看来，果品酒的出现可能还是很早的，根据《中国原始社会史》的看法，它在谷物酒之前。其实，平心而论，不管在中国，还是在外国，果品酒和谷物酒的出现是难分先后的，还可能是同时出现的。

至于酒器，开初可能是取自自然物，有用竹筒，也有用兽角的。《礼记·礼器》：“宗庙之祭，尊者举觯，卑者举角。”觯和角，都指的是兽角。羌族至今“饮酒，共一坛，每人一只空心竹，轮流而饮。”（庄学本：《姜戎考察记》）这里说的空心竹并不是天生的，而是为了喝酒，把竹节打通后，称“空心竹”。陶器的酒器，铜器的酒器，那是后来发明的了。

衣、帽、靴

人体包装之谜

把衣饰称之为"人体包装"，实在确切得很。人体须包装，既可从生理学意义上加以解释，又可从美学价值上加以说明。人之知包装自我，自一万年前至少五六千年前始，而要解开人体包装之谜，也得从一万年前以至于五六千年前研究起。

人体包装是一门学问，社会生活本身教会了人怎样去包装自己。

在人之为人的初始，有没有一个赤身裸体、一丝不挂的那个时期？看来是有的。那时，只能说处于婴儿期的原始人过着穴居生活，身上无服饰，任凭风雨侵袭自己的肌肤，任凭骄阳曝晒自己的身体。这样的岁月大约持续了上百万年，占据了整个人类发展史的99%以上的时间。直到大约一万年前，中国的先民们才懂得以衣服来遮蔽自己的身体。

最初的衣服是怎样的呢？很少有文献方面的具体记载，但在青海大通县上孙家寨马家窑文化遗址出土的一件舞蹈纹彩陶盆上可略见其端倪。

画面中的舞人,穿着的衣服无袖,无领,衣长及膝,衣后隐隐可见一尾形装饰。这可以理解为人类早期最简朴的服装式样。这种长衣,实际上就是在物料上开一个与人头差不多大的口,将头从这口中套进,这样物料就分成前后两大片,紧紧地贴在人体上,如果腰间再系一根绳子,就是一件不错的衣服了。至于物料,一般非树皮,即兽皮,一切较柔软而有一定坚韧度的自然物都可以拿来作为衣服的原材料。

从画面中舞人的衣服的长度看,真正是衣长及膝或过膝,宛如时下女士穿的无袖无领半长旗袍。为什么衣长那么长?看来也有道理。中国传统意义上,"上曰衣,下曰裳"(《诗经》毛亨注),而二者不是同时出现的,"先知为上,以制其衣;后知为下,复制其裳。"(《通典·礼志二十一》)这就很清楚了,因为当时有衣而无裳,因此就故意将上衣裁得长些,让它衣长及膝,暂时兼一下裳的功能。这种近乎衣裳连体制的服装,后世发展成为"连衫裙"之属,男子则不用此式。

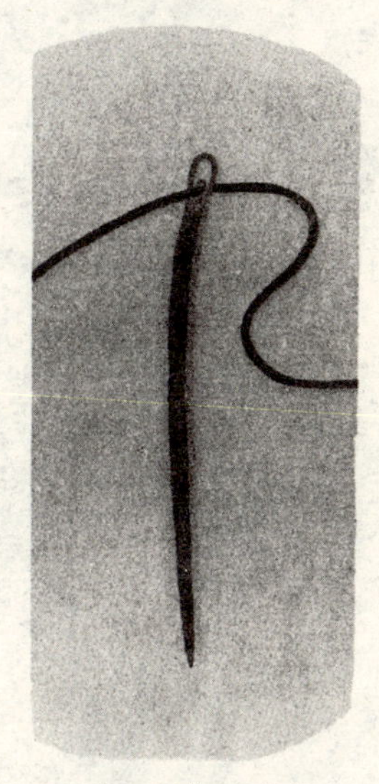
山顶洞人使用的骨针

这种以树皮和兽皮为衣服面料的情况,大约维持到五六千年前,就"以麻易之"了(《通典·礼志》)新石器时代早期的磁山和裴李岗文化的先民,已开始用纺轮纺纱。纺轮用碎陶片加工而成,陶片打磨成圆形,中间钻有一孔,即可使用了。后来,制陶技术发展了,人们就直接用陶泥烧制成纺轮。不少纺轮还在表面彩绘有各种对称均衡的几何形线条,旋转起来一定是很美很美的。有了纺,必有织，这样，原始意义上的布匹也就有了。再用骨针去缝纫，到这时，像模像样的衣服才出现了。

到这时，在衣服上才装上衣袖和衣领。衣袖可保护双臂和双手。在劳动过程中，人们体会到了“手”的重要性，列为重点保护对象，于是才有了衣袖的发明。衣领可保护头颈以至于整个上身，既可防风防沙，保暖躯体，又可防止各种爬虫的直接侵入，起到一道“防护墙”的作用。人们在日常生活中体会到了一“领”一“袖”的重要性，遂把社会生活中的重要人物称之为“领袖”也就顺理成章的了。

商代冠饰

后来，人类发现了蚕丝，发明了丝织品，因为其质优，因为其柔软，一度成为中国先民衣料中的主体。“黄帝尧舜垂衣裳而天下治。”(《易·系辞》)到了传说中的黄帝时代，人们已经懂得用织品制作上衣下裳了。有衣，有裳，有领，有袖，而且花样翻新，千姿百态，我们国家的服饰文化由是而起。

衣服是用来保护和文饰身体的，而在原始人看来，头部比身体更重要，更应保护和文饰。这就有了帽子和头巾。帽子和头巾与衣服的功用是一样的，都是为了保护和文饰，因此，帽子和头巾在中国古代又称为“首服”(首级上的衣服)和“首饰”(首级上的饰物)。

头巾和帽子从原始意义上讲，没多大区别，可能随意一点的称为“巾”，成熟一点的称为“帽”。从上古时期出土的最原始的皮帽看，就是把一块皮截去一些不必要的部分，除可顶于头外，又截出两根带状物，可将皮帽系于项下。这样的帽，其实称之为巾也未尝不可。

当然，后来先民穿的衣服越来越像样，帽子也越来越像样。在陕西临潼邓家庄仰韶文化遗址，出土了一件头戴大帽子的半身陶塑人像，帽子的式样宽大厚实，而且紧贴额头，可知当时的帽子已经过很好的加工制作，与自然物相去甚远了。在黑龙江密山新开流文化遗址，也出土了一件半身陶塑人像，人像头顶上可见尖状帽形。这种尖顶帽既可防风防雨，又具有某种装饰作用，真可说“首服”与“首饰”二者功能兼备了。

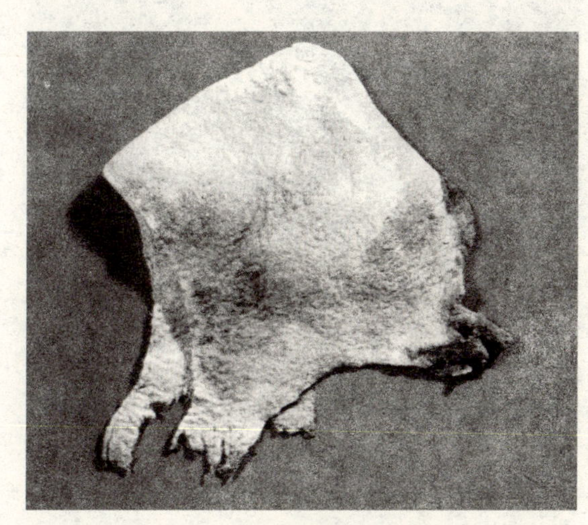

上古时期的皮帽

头上保护起来了，身上保护起来了，脚上呢？脚上也该保护起来。于是就有了鞋。《释名·释衣服》：“鞋，解也。著时缩其上，如履。然解其上则舒解也。”《说文·革部》：“鞋，生革之鞮也。”可见，在远古时代鞋子是一种动物生皮制品穿在脚上保护脚的东西，有鞋带，防止拉脱或被泥沾住。可惜，这种鞋子至今还未被发现。

在我国西部地区，却出土过靴形脚下着物。靴，被称为连统的

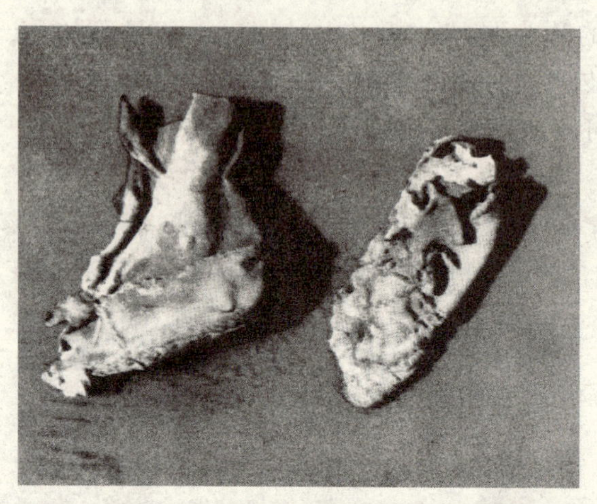

上古时期的皮靴

鞋，大约是我国西部地区的少数民族骑射所穿。在甘肃玉门火烧沟文化遗址，出土过穿长靴的人形陶器，还曾发现过彩绘靴形陶器。可见，那时的西部人——也许还包括中原地区人，都穿过靴子。

成丁男女

拔牙风俗之谜

一天，孔子在家里闲坐，他的学生曾参在一旁侍坐，两人谈起了"孝"的问题。孔子对此说了一句后来流传千古的话："身体发肤，受之父母，不敢毁伤，孝之始也。"可是，我们在新石器时代的先民遗骨化石中，发现的却是另一翻景象，拔牙现象如此的普遍，受之父母的"身体发肤"受到了严重的毁伤。这是怎么回事呢？其中隐藏着怎样一些谜呢？这是专家们普遍感兴趣的。

在新石器时代的文化层，普遍存在着拔牙这样一种奇风异俗。

在大汶口文化的刘林期，见到一些人头骨的下臼齿外侧，留有石质或陶质的球，相应地齿面萎缩内收呈马蹄形，和齿面磨损甚重的现象。显然，这是死者生前将石质或陶质小球长期含于口内所致，这与当时的拔牙习俗相关的。

考古学家对 366 个人骨个体进行了观察，其中男性为 265 人，女性为 101 人，看到拔牙的共有 281 人，占全数的 76.8%。其中男性 205 人，占 77.4%；女性 76 人，占

75.2%，比例基本持平。从拔牙的状况看，在281人中，275人是拔除一对上侧门齿，两位女性分别拔除一上颌中门齿及一对上颌侧门齿，和一对上侧门齿及一犬齿。另外四男性，均拔除一个上颌中门齿。

再看看拔牙的年龄。在个体观察中，男性没有见到小于14～15岁者，女性也未见到小于16～17岁者。如果考虑到拔牙以后齿槽闭合要一二年时间，那么，一般拔牙时间在14岁上下。也就是人的第一组牙齿（乳齿）被后来长出来的第二组牙齿（恒齿）全部取代完成以后，才有拔牙的行为。

除了刘林期的大观横的普遍的拔牙习俗外，在崧泽、良渚、昙石山和屈家林文化墓葬的人骨中，都见到了拔牙的现象。在龙山文化的人骨鉴定中，也发现了拔牙习俗。根据这一点，白寿彝主编的《中国通史》甚至断定"龙山文化是继承大汶口文化发展而来的，因而它的居民还保持着他们祖先的遗风"。

古史传说，东方部落主要是太昊和少昊，可合称为两昊集团。少昊集团可能是一个很大的族系，活动在曲阜一带，可能比这个范围还要广大些，甚至遍及山东全部。为什么同是生活在曲阜一带的孔夫子后来大肆宣传"身体发肤，受之父母，不敢毁伤"，而孔夫子的前人们却偏要理直气壮地去拔掉牙齿，去毁伤"身体发肤"呢？这可是个不小的谜呵！

拔牙发生在从儿童进入性成熟的转折期。这时，人的第二性征已经发育得十分明显，青春期开始了。这时的新石器时代的原始人他们感觉到这是人生的一个巨大转折，进行一定的仪式是必要的。白著《中国通史》把拔牙看成是"已达到成年而获得婚姻资格的人进行成丁礼的一项内容。"作为成丁仪式而进行拔牙，这在我国西南地区的一些少数民族中后来被保留下来了。

必须指出，在当时条件下，实行的是严格意义上的族外婚，族内婚会产生大批痴呆、聋哑或畸形的后代，这迫使氏族首先采取断然措施，实施族外通婚。而拔牙之风正是为了强化族外婚观念，很有可能，拔牙行为是在氏族首领的带领和主持下实施的。拔掉门牙以后，很明显的是证明你已是成年人了，可以婚嫁了。另外，门牙长在人体最显眼的地方，你一张嘴，人家就看到了。拔怎样的牙，可能当时还有点讲究，拔牙是一种族的标志，人家看到你拔牙了，而且如此这般地拔的，同族的人就会监督你，你不能再在族内乱搞，你必须到族外去找对象。从这个意义上讲，拔牙就不能简单地看成是对“身体发肤”的毁伤，而是为了保护整个氏族成员的“身体发肤”，使族外婚能旗帜鲜明地得以贯彻。

一些学者想得似乎更广更深些，认为史前人类在青春期拔牙不只是一面婚姻的旗帜，而且具有更为广泛的社会意义。知原先生在《人之初》中说：“除了有可能含有某些宗教观念以外，它向周围的人昭示：这个拔了牙的人已成年了，他拥有成年人的一切权利，可以参与狩猎，参与各种神秘活动，可以婚娶，社会承认了他。一句话，那个缺失的牙齿使他受到重视并取得了少年们不能取得的种种权利。”

其实，就是从成年礼角度去考虑，我们还可以想开去，去考虑许多深层次的东西。

上面不少专家认为，成年意味着享有各种各样的权利，其实，从更加根本的意义上讲，成年意味着责任，拔牙如果与当时的责任教育联系在一起考虑，可能更贴切一些。这我们可以从一些少数民族的古风犹存中找到例证。台湾高山族阿美人把成人礼看得十分重。在接受成人礼前，要进行一个月的强化训练，内容包括舞蹈、铺路、架桥、建房、放哨。禁止洗澡，严格实行递减饮食，第一周每天进餐两顿，第二周每天进餐一顿，第三、四周每天以米汤充饥，这都是为了培养忍饥能力和吃苦精神。远古时代的拔牙当然也是很痛很苦的事，但为了培养有责任心的年轻人，必须拔，让他在拔牙中体会什么叫痛苦和艰难。

骨器纷呈

是否存在骨器时代之谜

在杭州萧山的"跨湖桥遗址"，在余姚的"河姆渡遗址"，在山东兖州的"王因遗址"，都发掘出了大量先民使用的骨器。尤其在"河姆渡遗址"，在相当长一段时间内石器仅占骨器的七分之一，在发现的数以千万计的骨器中，骨耜、骨铲这样的农业工具就有200余件。这就不禁会使人想到，在原始社会的某个时期，或者在某些地域，是否存在着一个骨器时代？如果真是这样，我们又该如何来评价这个时代呢？值得加以研究。

"河姆渡遗址"的发掘给人带来太多的惊异，惊异之一就是在遗址中发掘出了达万件动物遗骸，如此丰富的骨料为河姆渡人制作骨器提供了很好的条件。

河姆渡人是聪明和智慧的，他们把动物骨骼中的骨、角、齿及其他部位，加以简单的锉磨加工，制成种种骨器。大型动物的肩胛骨本身就像一把铲子，只需在骨臼部位略作加工，便成为一把十分合用的骨耜。鹿类是河姆渡人主要的捕获动物，质地坚硬的鹿角可成为加工成骨器的最好材料。截取粗大结实的分叉部位,略作加工,即使一把上佳的器柄。截取鹿角之尖端,只要稍加锉磨便是一件很好的角锥和角凿。若再把中部磨出倒钩,后端钻上一孔,则成一把极好的梭形器了。河姆渡人把鹿角的每一个部位都利用起来。

王因遗址出土的动物骨骼遗存数量极其惊人,在文化层与灰坑中出土的动物骨骼、蚌壳达到万余件,用动物的骨、角、蚌做成的工具和装饰品达到千件以上。可见,当时的先民们对骨器是如此的重视。

问题在于:为什么先民们对骨器表现出了比石器更大的兴趣呢?

首先,不少动物的骨骼的硬度比石头的硬度大。如硬度极高的

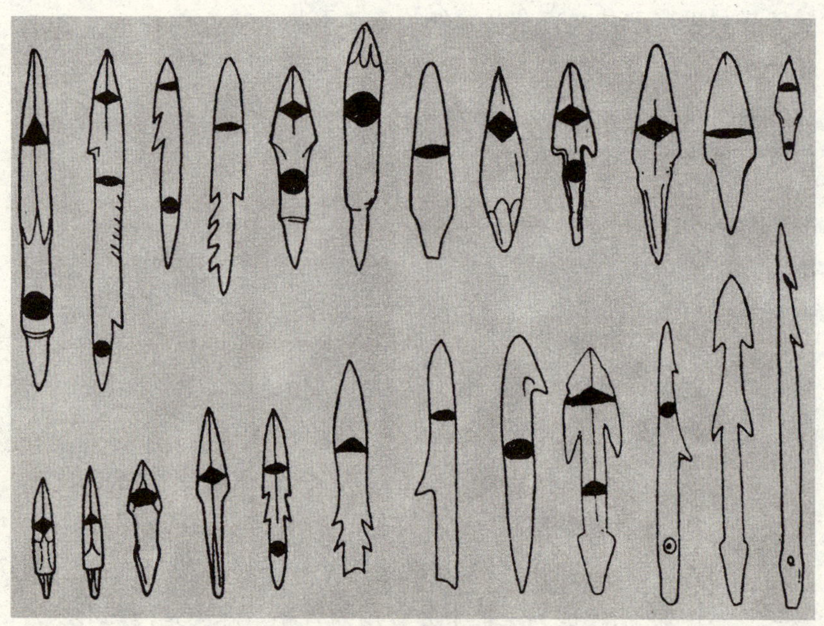

新石器时代的骨箭镞

圆锥形鹿角不只可以作为一般的工具使用,甚至还可以用它来开凿石料,制作石器。

其次,动物骨骼的品种多,不像石料那样的单一。从王因遗址的发掘看,被这里的原始人用来制作骨器的动物骨骼分属于哺乳类、鸟类、爬行类、鱼类、贝类,具体的品种多达 42 种。从河姆渡遗址的发掘看,小到青鱼的肋骨,大到象牙、鲸鱼骨,都被充分地利用起来了。总之,天上飞的、地上爬的、水中游的各类动物的骨骼,都可利用起来制成用途各殊的骨器。

再次,自然造型好,加工方便简单。每一种动物的支架由几十种甚至几百种骨片组成。这些骨片的形态是各异的,正好可为人类利用来制作各种工具和生活器具。比如,哺乳动物的牙齿,是其骨骼体系中最坚硬的一部分,外部包裹的那一层牙釉质硬度比钢铁还大,仅次于金刚石。哺乳动物的门齿,如一把铲子,两旁的犬齿,像尖刀一样,后面的臼齿,像副磨盘。先民可以利用动物牙齿制成各种凿、挖工具。有些动物骨骼的形状,装配上木质的柄,便可使用了。

人类生产力发展到一定程度,捕获动物品类和数量达到一定程度,就会自然而然地把兴趣转向骨器。

一些专家认为,骨器用之于生产,这是骨器时代到来的根本标志。在河姆渡遗址的发掘中,原始先民把大、中型动物的前肢的尺骨,做成有巨大冲力的骨凿,这在生产中,尤其在原始农业生产中作用是很大的。大型动物长而且宽扁的肋骨,表面光滑平整,可做成骨刀和骨锯,在生产中可作砍伐树木用。更为重要的是,骨器直接使用于农业。在我们称之为江南文明祖地的“跨湖桥文化遗址”,发现了不少作为挖土工具的骨耜,其挖土之深,效率之高,都远在石耜之上,在河姆渡大量的骨器中,以骨耜为最多。特别引起人们注目的是,在河姆渡还发现了骨梭,可见骨器还用之于纺纱织布呢！

先民还将骨料做成种种生活用品。从河姆渡，从大汶口，从跨湖桥，还有其他一些遗址发现的精巧的骨针，是任何石料磨制不出来的。河姆渡的骨针选用长条骨料制成，先在两面琢刻，钻出针眼，然后再磨出细长的针身，花的气力是很大的，但十分精巧，跨湖桥人用的一枚骨针，最大直径为2毫米，针孔直径小于1毫米。也是采用双面钻孔技术，但在技巧上比河姆渡更上了一层楼。发现的骨笄，可用于束发，比起石制品来自是另一番风景。骨匙，骨匕，都可用于餐中，尤其是骨匕对肉类食品的切割，作用是不可小觑的。

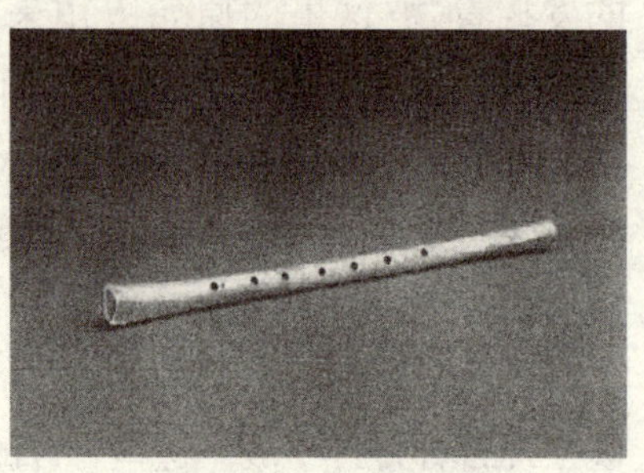

河南贾湖遗址出土
距今7000年前的“骨笛”

先民们还将骨精制成艺术品。河姆渡人对象牙坚硬细腻的质地有了相当的认识，他们细心地把象牙剖成片状加工，制成蝶形器、鸟型牙匕或小盅，并在器物上雕刻“双鸟朝阳”、“蚕纹”等精美图案。在河姆渡，还发现了三孔或单孔的骨哨，说明悠扬的乐声早在七八千年前就在这里的上空回荡。

上面这些，都在证明中国历史上曾经存在过一个骨器时代。但是，也有一些专家不这样认为。他们说，骨器在历史发展中曾经发挥过不小作用，但与石器比，作用显然还要小得多，因此还称不上是一个时代。再说，在先民遗址发掘中，像河姆渡、王因这样骨器集中的地方有，但不太多，大部分遗址仍然是以石器为主，因此还是统称为石器时代好。这当然还是个未解开的谜，有待于科学家们进一步研究，然后才能得出大家都能认同的结论。

冲破陆地束缚

河姆渡人下海远行之谜

黑格尔，近世最伟大的哲学家和思想家。可他对中国的了解实在不多，对中国历史、文化的评价多所偏颇。在他看来，中国是一个典型的内陆国家，“海只是陆地的中断，陆地的无限；他们和海不发生积极的关系”，“平凡的土地，平凡的平原流域把人们束缚在土地上，把他们卷入无穷的依赖性里面”。

黑格尔的话，给世人造成了一种思维定势。似乎中国人历来是保守的、与世隔绝的、与海洋无缘的民族。可是，河姆渡文化的发现却明确无误地告诉世人，早在 7000 多年以前，中国人就走向海洋了。成为“茫茫无定、浩浩无际和渺渺无限”的大海宠儿的该是中国人。

历史必须改写。在走向海洋文明的群雄中，中国先民是领跑者。

德国大思想家黑格尔，从历史哲学的角度阐述了地理条件在人类历史发展中的重要作用。他在名著《历史哲学》一书中明确提出了“历史的地理基础”这样一个概念。他讲到了大海和陆地，讲到了人：

> 大海给了我们茫茫无定、浩浩无际和渺渺无限的观念；人类在大海的无限里感到他自己的无限的时候，他们就被激起了勇气，要去超越那有限的一切。大海邀请人类从事征服，从事掠夺，但是同时也鼓励人们追求利润，从事商业。平凡的土地、平凡的平原流域把人类束缚在土地上，把他卷入无穷的依赖性里面，但是大海却挟着人类超越了那些思想和行为的有限的圈子。……这种超越土地限制、渡大海的活动，是亚细亚洲各国所没有的，就算他们有更多壮丽的政治建筑，就他们自己也是以海为界——像中国便是一个例子。在他们看来，海只是陆地的中断，陆地的天限；他们和海不发生积极的关系。

人们历来相信这话。但是，河姆渡人的活动给了黑格尔论断以重重的一击。亚细亚人，特别是中国人，不能“超越土地限制”吗？不！亚细亚人，特别是中国人，“和海不发生积极的关系”吗？不！

生活在距今约7000年的河姆渡人，他们是中国水作农业的代表。那里出土的稻谷的外形、颗粒大小都已经接近于现代栽培稻。对河姆渡人来说，土地应该是他们的命根子，但是，他们却“超越土地限制”，走向了更广阔的天地，走向了世界。

河姆渡人生活的地方，地处江南的宁绍平原。这里河湖交叉，是著名的“水乡泽国”。解决水上交通成为他们生活上最重要的事务。船，是这里人最主要的水上交通工具，在当时条件下，木制船只的制造大约已经有了相当的水平和规模。

从河姆渡出土的房屋建筑形式及结构看，它的建筑技术上水平已相当的高。在木结构的交叉连结上，河姆渡人开始突破捆扎式，那采用榫卯工艺，其中有柱头榫、柱脚榫、梁头榫、带梢钉孔榫，以及平身柱的透卯、转角柱互成直角的卯和企口板。这些榫卯制作精巧，结构科学，而且能根据构件的不同受力情况进行处理。这是我国建筑史上的奇迹。而这种奇迹般的建筑技术，除了用之于房屋建筑外，必然为造船业的兴起和发展创造条件。从种种迹象看，当时的造船业是有一定规模的。

虽然我们至今还没有发现河姆渡人制作的大型船只，但我们却发现了河姆渡人制作的木桨，有桨必有船，那是十分肯定的。

1973 年，在河姆渡晚期文化层中，发现了一件用整块木料加工而成的木器。上部截面略呈方形的柄部已残断，下部如柳叶形，中间厚而外侧稍薄，两侧并不对称。残长为 16 厘米，宽 5.3 厘米，厚 1.5 厘米。从制作方法、形状及使用后磨损状况看，这显然是一支船桨。

1977 年，又在河姆渡出土了 6 支船桨。都是用整段木头加工而成的，十分的坚固。柄部粗细适中，断面有圆形、方形两种。桨叶多呈扁平的柳叶状，且自上而下减薄，制作精细。其中一支残长有 92 厘米，另一支残长有 62 厘米，其他大、小不等。

但是，我们敢断言，这些还不是河姆渡人的代表作。他们走出大陆，走向大洋大海，需要的将是更精巧、更有分量的鸿大制作。

在遗址中，发现了河姆渡人制作的两件模仿的陶舟玩具。一件为方形体木舟玩具，另一件舟体看起来好像半个月亮，俯视略呈菱形，两头稍尖而微上翘，头部下还附有穿孔小耳，形态逼真。这两件精美的陶舟艺术品，反映了河姆渡人与舟的密切关系。

在河姆渡人遗址中，有大量水生动物遗骸。这些水生动物，不仅有生长在内河的，还有生长在大海中的鲸鱼、鲨鱼。他们能出海捕鲸、抓鲨,不只说明他们造船和捕鱼能力的高超,还说明他们有着一种与传统意义上的中华文明别样的文明。正如张自成、钱治在《复活的文明》一书中指出的:“河姆渡遗址的发现,为我们展示出一个与中原风格迥异的早期海洋文明。”

凤凰山上“无底塘”

塘底巨大洞窟之谜

浙江凤凰山南麓有座低矮的小山包。登上此山包南望，只见江水滔滔，风光无限。山包的临江处，星星点点地散布着大小不一的许多方形水塘。这些水塘深不可测，即使在大旱之年也不见浅，俗称“无底塘”。就在这“无底塘”下面，埋藏着重重叠叠的谜团，有待人们去解开。

“无底塘”只是一种久远的传说，它究竟是否真的“无底”？谁都说不清楚，长久以来，恐怕谁都不想去弄个水落石出。

可是，到了20世纪90年代，偏有人想对此弄个明明白白。小南海石岩背村的四位村民突发奇想，集资一万多元，借来四台水泵，想抽干池水，看看池底究竟埋藏着什么秘密。

抽水抽到第四天，水平面才开始向下伸展。第四天晚，从池的左侧出现了向下伸展的台阶。

抽水抽到第九天，水平面上突然显露出了两个鱼尾状石柱。

抽水抽到第十七个昼夜，才将一个“无底塘”彻底抽干了。“无底塘”下竟是一个人工开凿而成的、由四根巨大的柱子支撑起来的大洞窟！

如果一个方形水塘就是一个人工建造的洞窟，那么，在这里，这样大大小小的洞窟至少有二十四五个。

展现在世人面前的是一个气势恢宏、构造奇特、谜团丛生的石窟群。

这是天然石洞吗？不是。石窟的四壁，平整笔直，棱角分明，凿痕鲜明。窟顶一无例外地呈45度斜角展开，从约20平方米的洞口向下倾斜。洞顶、洞壁相接处呈弧形展开，凿痕均平如刀削，纹理匀称细密，道道凿痕整齐排列，极像是机械加工而成。然而，在远古时代，是不可能有这样的“机械手”的。

可以说，这里的每一个石窟都是一个设计。石窟大小不一，但基本格调都是一致的：有一个20来平方米的洞口，缘阶而下，才是石窟本身。石窟本来并不存在，经人工开凿才成现在我们见到的这个样子，在开凿过程中，保留了大小不一的四五根柱子。柱子小的外围一米都不到，大的则四五个人才能合抱。洞口一律向南，或西南向，这样太阳一出来，阳光就可以照到洞内了。洞窟小的有数百平方米，大的有上千平方米。在每一个洞窟内，均“半砌半凿”出一个深5～6米、面积在20余平方米的“水池”。此“水池”除了食用外，更有何用，不得而知。

从“无底塘”石窟的古拙神秘的石刻图案看，这是远古人类的居住处。在石窟图案中，分别雕刻着一匹马、一只鸟、一条鱼。这是否意味着人类取自水（鱼）、陆（马）、空（鸟）三维的生活资源呢？特别耐人寻味的是，一般来说，马的家养还是比较晚起的。在南方的浙江而不是在黄河以北，发现马的石刻图案，是否意味着当时马已被南方人熟悉了呢？至于在洞窟中见到的石壁上长达数米、深达 5 厘米的发散状线条图案代表着什么一个意思，恐怕只有居住过一种洞窟的原始人自己心知了。

这里还有许多说不清、理还乱的谜团。

谜团之一：为什么这些洞窟深深地埋在“无底塘”的水下呢？是原先埋在水下的，还是后来由于某种变故而埋入水下的呢？看来正确的答案只能是后者。人非鱼类，怎能入水而生存。再说，如果当时就在水下，何必还要在石窟中凿一 20 来平方米的水池呢？

谜团之二：这些原始人是始终住在这些洞窟中的呢？还是在平时上另有住处？只是在有某种特殊需要时才进入洞窟的？结论也该是后者较为实在。但是，在附近的考古证实这些结论前，假设只能是假设。

谜团之三：现在，在“无底洞”诸多洞窟中，只在其中心部位开启七个石窟。这七个石窟离开或远或近，有些相邻的石窟壁距竟只有半米。这七个石窟排列十分神奇，呈北斗七星状。这以地文印证天文的现象，又在说明着些什么呢？这些都很值得研究。

史有明文　无凭查考

大鲜卑山之谜

大鲜卑山，史有明文。这里说的明文，指的是《魏书·序纪》中的一段文字。说黄帝有子二十五人，或内列诸华，或外分荒服。昌意是黄帝二十五子中最小的儿子，“受封北土，国有大鲜卑山，因以为号”。那么，拓跋鲜卑的发源地“大鲜卑山”何在呢？这就没有什么凭证可查考了。千百年来，史学家聚论纷纭，找不到一个可以服人的说法，甚至有人以为，“鲜卑山乃具神话之意味，未必能指出今为何地”。似乎山穷水尽疑无路了，可是，当代丰富的地下发掘又使这个古之谜的解读柳暗花明了起来。

大鲜卑山是否完全无凭查考呢？是不是没有一点点蛛丝马迹呢？那倒也不是。

根据史料记载，拓跋鲜卑族是“统幽都之北，广漠之野，畜牧迁徙，射猎为业，淳朴为俗，简易为化”的游牧民族。他们一会儿居于一地，一会儿又居于另一地，“统幽都之北”，幽都之北的广大草原、山林地带都是他们的势力范围，决不可能死守于大鲜卑山一地。

这里就涉及到“国有大鲜卑山”一语中的“国有”作何解了。仔细分析,这里的“国有”可作国都、发源地解,意思是这个种族的国都和发源地在大鲜卑山。那里有着象征“国”的礼器以及祭祀处所。游牧部落真正是四海为家,但又必须一定时候到国之所在地的地方去祭天地、祭祖宗。应该说,这样的解释是合情合理的。

那么,作为“国有”的大鲜卑山何在呢?

在《魏书·礼志》中,一段记载为人们提供了一线信息:“魏先之居幽都也,凿石为祖宗之庙于乌洛侯国西北。其地隔远。真君中,乌洛侯国遣使朝献,云石庙如故,民常祈请,有神验焉。”这就比较清楚了,所谓大鲜卑山不仅仅是一座山,而且因在山上有着魏之先民的“祖宗之庙”而显得特别的重要。

那么,所谓“祖宗之庙”是大鲜卑山上一座独立的庙宇呢,还是有蔽体的一个带神秘色彩的处所?事实证明是后者。《魏书》中另一处写道:“世祖真君四年来朝,称其国西北有国家先帝旧墟。石室南北九十步,东西四十步,高七十尺。室有神灵,民多祈请。世祖遣中书侍郎李敞告祭焉,刊祝文于室之壁而还。”

这就明确了:拓跋鲜卑的始祖发源于大鲜卑山,后来为了生活,“畜牧迁徙,射猎为业”,在“广漠之野”中游牧,但仍不忘发源地,就在大鲜卑山的一个石室中建神灵牌位,“告祭天地”。在石室中,还有世祖的祝文刊布于室之壁上呢!

问题在于:这个神秘的鲜卑石室何在呢?

在上个世纪80年代,一些科学工作者在大兴安岭的鄂伦春自治旗发现了嘎仙洞。此洞在离地面25米多高的一个悬崖上,很难进入。到得洞中,只见洞内宏伟宽阔,幽暗深邃,穹顶浑然天成,气势威严肃穆,使人顿感是王者之地。丈量一下,发现与《魏书》所记“石室南北九十步,东西四十步,高七十尺”之规模大致一样。把洞内的泥沙挖去,《魏书》上说的那篇祝文便昭然在目了。除了有若干字与《魏书·礼志》有出入外,完全一致。这石刻祝文可算是鲜卑拓跋最原始的档案资料了。

这样,居于中国北方的鲜卑族发源地之谜大致解开了。翦伯赞先生主编的《中国史纲要》,说到“鲜卑慕容部原居鲜卑山”,但没有指明鲜卑山在哪里,又说“鲜卑拓跋部先世居于嫩江西北的大兴安岭地区”。嘎仙洞的发现证明,所谓鲜卑山及泛指的大兴安岭地区,就是在以嘎仙洞为轴心的鄂伦春自治旗一带。后来,鲜卑人一再南迁,相反与发源地“其地隔远”了。

在嘎仙洞中,考古学家发现了原始人手制的古朴的灰褐色陶片,发现了带有打制痕迹的石片。这就雄辩地证明了,早在远古时代,这里的鲜卑人就独立地在这里生存、繁衍了。

大宗玉器

礼俗兴起之谜

在龙山文化、中原龙山文化、良渚文化和石家河文化遗址中，出土了大量的玉器。尤其是良渚文化的玉器，数以千万计，其种类、琢制工艺均达到了史前的顶峰。到新石器中晚期，闪光的似乎不再是石器本身，而是被称为“石之美者”的玉器。这一时期玉器的价值，似乎不单在于它那鬼斧神工般的工艺水平，而在于其丰富的文化内涵和深厚的社会内涵。

可以这样说，玉器的铺天盖地而来，本身是社会变革的产物，同时，它的出现和存在，又会大大推动社会变革的到来。

在汉文字中，玉解释为美石。玉与石总是联系在一起的。而玉器制作工艺，照理应是磨制石器工艺的延伸和升华。石可切割、打制、磨制、钻孔等，玉同样可以作如是加工法。

在现今发现的远古玉器中，加工方法大体有裁料、成形、做孔、雕刻花纹和抛光等工序，这些都源于石器的制作，只是在制作时更精细和更花费时间而已。比如钻孔，玉器一般用双面钻，石器也取双面钻，钻孔一般用管钻法，即以竹为管料进行钻孔，石器也该是如此的。在这些方面没多大的变化，从工艺角度看，进步也不太大。

关键还在于它的社会意义和社会价值。由于它的出现，改变了人的社会生活和社会风貌。胡尔克在《中国百年考古大发现》中认为："玉虽也是石头，但不是普通的石头。玉器反映了良渚文化时期政治观念、等级制度、宗教情感、礼仪风俗、社会生活的方方面面，人们在心理上对玉器怀有深深的崇敬感和神秘感。所以说，同为石头，二者却有着绝然不同的意义。这差别是人类器具制作及思维意识方面的巨大的飞跃。这个飞跃标志着玉器时代的诞生。"

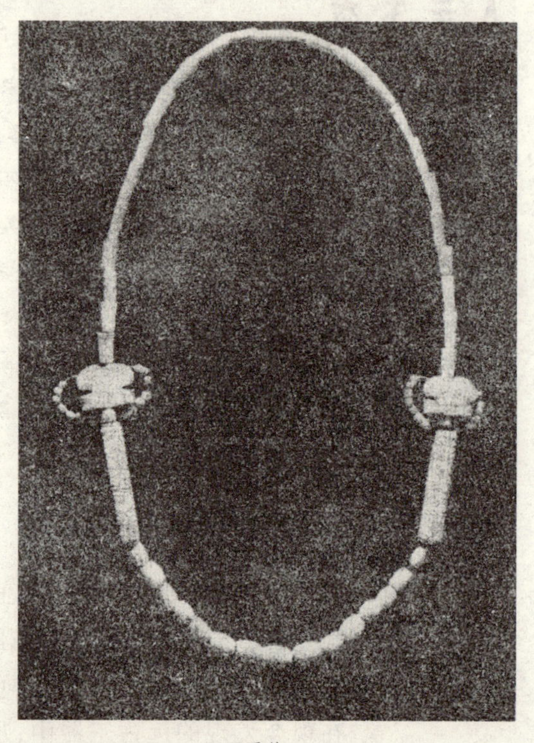

玉项饰

不管玉器是否可称之为一个时代，它的文化价值之大是显而易见的。别的我们可以不说，单就反映社会的礼仪风俗上，玉器的象征意义是巨大的。

玉器象征着一个人的身份。

在福泉山良渚文化墓地，发现玉钺 8 件，均为扁平梯形，上部有管钻的圆孔，没有磨出刃口，说明并不是实用器，而是良渚人用来礼神的礼器。发现 7 件玉璧，最大的一件直径为 23 厘米，厚 1.4

厘米，玉质呈绿褐色，间有青白斑纹，表面抛光，也是一种重要的礼器。玉琮发现6件，皆内圆外方，上大下小，孔由两面对钻，线条匀均，图案繁密，琢玉工艺精湛。其中有一件玉琮，在湖棕色的玉质上，以精确的减地法凸出四块方座，以四角为中线，各刻一组兽面纹，四面有16只展翅欲飞的鹳鸟，每只只有人的指甲的一半大小，其羽毛丰满，翅膀、尖喙刻纹纤细，炯炯有神的鸟眼，像一颗细小的圆润珍珠，令人难以相信这是原始人的作品。另外，还发现有4件玉杖首，象征墓主的权力和地位。发现的一件玉带钩，出土时位于人骨架的腰部，说服是非其人莫属的专用品。在福泉山良渚文化大墓中，还有人殉葬或用人作祭品的。这些都有足够的理由说明，在这个花费大量人力物力构筑的高台上占有一席之地者，绝不是普通人物。

在反山良渚文化墓地，玉器占全部随葬品的90%以上，玉器多达3200件以上。玉器的品种有璧、环、琮、钺、璜、镯、带钩、柱状物、杖端饰、冠状饰、锥状饰、三叉形器、半圆形冠饰、镶嵌端饰、圆牌形饰等。出土时玉器放置的位置基本上相同，头骨上方为玉冠饰，胸腹部放置玉琮，一侧放玉钺，玉璧多置于腿脚部。这是一个专为一些人堆筑起来的东西长90米、南北宽30米的熟土堆。其中有墓葬11座，排列整齐有序，墓穴均比较宽大。随葬品少则数十件，多者数百件。从墓葬的规模和丰富的随葬品来看，它并不是一般的氏族或部落的公共墓地，墓主应当是有特殊身份的人，正如发掘报告说的："墓地的主人是一批部族的显贵，他们已经成为凌驾于部族一般成员之上的特殊阶层，或为巫觋，或为军事酋长。"当然还可能有一些在部族中很有威望的长老阶层，还有一些对本部落具有特殊贡献备受尊荣的人。

就是一些玉制的饰物、饰品，也反映着它的主人的身价和地位。

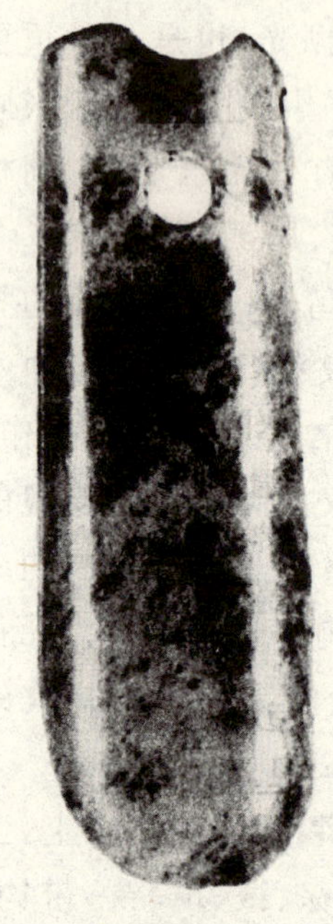

兴隆洼遗址出土玉锛

在反山墓地第16号墓葬出土了一件玉冠饰。它由浅黄色透闪石敕玉琢成。造型呈蝴蝶形状,形体扁薄平整,中间部分向上高耸突起,顶部正中有一个微起的突脊。两侧向旁边平伸,似蝴蝶之翅膀,下端内折弧收。该体最大特点是通体透雕,以透雕与阴刻相结合的手法在正背两面琢出相同的神人兽面纹图案。神兽居中,透雕大圆眼,外框以重圈和弧线三角形画眼眶和眼角,扁圆鼻子,大阔嘴,内有一对獠牙。神兽两侧各刻一神人像,神人四肢张开,上肢上举,下肢作蹲状。这样的蝴蝶形镂空玉冠饰,充分显示了其主人的威武、权势和充满神力,岂是一般人所能冠饰的?

在考古发掘中,这样的冠饰每座墓只有一件,出土时都位于墓主的头部。而那些墓本身是非同凡响的,其身份也就不言自明了。

在余杭的反山遗址中，还发掘有三叉形玉冠饰、牛首形神人兽面纹玉牌饰、玉鸟、玉鱼、玉龟、兽首玉镯、玉项链等，这些都不是一般人的饰物和佩物，是与氏族社会后期的社会分化联系在一起的。

灵魂出窍

瓮棺小孔之谜

距今六七千年之前，在古都西安东郊的一条小河之滨，居住着一群我国古老的氏族部落，这就是举世闻名的半坡人。据考古资料表明，半坡遗址是目前为止最为典型最为完整的母系氏族公社村落。在大量的发掘物中，墓葬的瓮棺盖上的一个小孔，引起了人们普遍的关注，它能告诉我们些什么呢？……

从半坡氏族居住区域看，它是先民居住在一个自然区域内的共同体。整个村落是一个不规则的圆形。东边是烧制陶器的窑址，北边是埋葬死者的公共墓地，在墓地与居住区之间，隔着一条沟渠，居民区周围还有一条长达300多米的围沟。一切安排得那样的井然有序。

我们讲这些是什么意思呢？我们想告诉读者，意识的发展总是与物质生活条件联系在一起的。半坡人之所以有较为明晰的原始宗教意识，是与在当时来说较为先进的生产和生活相关的。不论是将动植物的人格化也好，也不论是对自然的崇拜也好，还有对自我认识的追求也好，都是一定程度上的意识的觉醒。

我们集中谈一谈半坡人对灵魂的理解问题。而要谈清楚这个问题,我们可以从瓮棺上的小洞说起。

在半坡遗址中,绝大多数作为瓮棺盖子的陶盆或陶钵底部的中间,都有一个显然是人工凿成或敲击成的小孔。这是一种故意。原本盆和钵都是盛器,打破了就不能再用了。而现在是主观上的故意,在容器上个打孔。而这个孔是派什么用场的呢?很清楚,是一种精神的需要。

这种情况大家开初觉得难以解读。后来,在宝鸡北首岭,在云南元谋县大墩子等墓地的瓮棺上也发现了这种情况,才使人恍然大悟——原来这是远古时代的人们为了让灵魂出窍而专门制作的。

人类发展到一定时期,他们就发现了自我灵魂的存在。这首先是在梦境中得到的启示。恩格斯在《费尔巴哈和德国古典哲学的终结》一书中说:“在远古时代,人们还丝毫不知道自己身体的构造,还不会理解梦见的事,便以为他们的思维和感觉不是他们身体的活动,而是某种独特的东西,即寄居在这个身体内而在人死后就离开这个身体的灵魂的活动——自从这时候起,人们就不得不思索这种灵魂对外部世界的关系。”半坡墓葬之中的所见,正好注解了恩格斯的这一段话。

首先是对梦境的理解问题。梦会使人产生一种错觉,似乎人的灵魂是可以暂时以至于长久地离开肉体的。人睡着了,或人在梦境中,都是灵魂的暂时离开;而人一旦死了呢?就将是人的灵魂的长久以至于永久的离开。

其次,涉及到一个善待死者的灵魂的问题。他们中的生者把死者好好安葬,这当是一种善待。这种善待在半坡遗址中体现得淋漓尽致。半坡人还发现,把死者密封在陶罐之中是有缺陷的,至少是一种对灵魂的压抑。他们最后想出了一个绝妙的做法,在瓮罐的某处(最多的是在底部或顶部)打一小孔,这样死者的灵魂就可以自由自在地出入了。

当时的人们已经有相当强烈的亲情观念(从墓葬的朝向可以知道),因此,他们认为将自己氏族和部落的死者的阴魂释放出来是没有什么坏处的,有时还可在暗中起到保护本族人员的作用。

在瓮棺上打上一个小小的孔,作用还真不小呢!

半坡遗址中的这种现象,在人类社会中是屡见不鲜的,在我国一些少数民族中一直保留到近现代。四川冕宁县的藏族人主要行火葬,将死者火化后骨灰装入陶罐再埋入地下,而陶罐底部都有一小孔,为的是“让灵魂出而归西”。云南的部分纳西族人,他们在将死者火化后,由两位男姓亲人将骨灰放入麻袋中,并将袋底的线抽掉,为的是让“灵魂自由出入”。新疆的锡伯族人,夫妇不论谁先死,都要实行分棺合葬,夫棺在左,妻棺在右,并在夫棺的右边、妻棺的左边各凿一小孔,以让灵魂自由出入,并可继续过夫妻生活。在欧洲和西亚的一些石墓之中,也有这样一种情况出现,有的还在墓门上凿洞。

世界各地的人们的心是相通的。在世人的发展过程中,都有关爱灵魂的“善举”。人们为了给自身以自由,就会想到要给死者的灵魂以自由。

神人兽面复合像

反山“琮王”之谜

一提起良渚文化，人们马上会联想起为数众多、琢磨精良的玉器。玉器是良渚文化之宝。而在各类玉器中，又以玉琮为最珍贵、最精细。反山12号墓出土的“琮王”上的神人兽面复合像，更是让人百读不厌、浮想联翩。高踞于复合像上端的神人，是超人脱兽的祖先神灵的象征，还是族人共同崇拜的对象？在新石器时代晚期，各地都有大量大小不一的玉琮出土，琮为礼器，亦为神器，由此能否得出结论，中国历史上曾有过一个巫政结合的玉琮时代？一个又一个的谜，引发人们去思索，去追寻。

反山出土的“琮王”以其硕大、精细而闻名于世。反山墓地共出土玉琮21件，均为外方内圆、中部有一大圆孔的方柱体。而“琮王”射径达17.1～17.6厘米，孔径为4.9厘米，高8.8厘米，重达6.5公斤，为良渚文化玉琮之首。它的精细的制作、神秘而讲究的纹饰，引发了人们无穷无尽的遐思。

最让人赞叹不已的是活灵活现的八组神人兽面复合

像。8组像的纹饰基本一致，只是在雕刻的详略以及图像的大小上有些差异。

神人兽面复合像的上半部是一帧人像。人像面部是充分图案化了的。人面是一个倒梯形，上大下小，梯形的内部妥帖地排列着眼、鼻、嘴。重圈为眼，实际上外圈为眼眶，内圈为眼珠，是充分写实化了的。为了使其双目显得炯炯有神，双目基本上画成了圆形。鼻子宽而扁，是按中国人特有的体貌特征绘就的。嘴大而阔，内以横长线和短直线加以分割，简洁地画出人的上下两排牙齿。这哪里是什么神人？简直是活脱脱的一个人面素描。

人头顶上是一圈内卷的罗纹，象征头发。头发上面有一冠，冠高耸而宽大，差不多是人脸部的三四倍大，可见，远古祖先对冠是十分重视的。

颇具特征的是人体上肢的姿态。上肢粗壮有力，平举，叉于腰间，而那人体之腰又是与兽面重复的，因此又可以说双手是叉于兽头部。

人头下是一个兽的形象。画面以极为夸张的手法突出地表现了兽狰狞的面部和锋利的爪子。两只大眼，每只的大小差不多与人的脸部大小相等。鼻子长且宽，鼻翼外张。嘴巴十分阔大，嘴中间以小三角表示牙齿，上下各有一对獠牙外伸。獠牙大而尖利，令人生畏。对兽的理解，专家们似乎并不相同。有的认为，人体下面是一尊有头有身有腿脚的兽体，而有些专家则并不这样认为，白寿彝在《中国通史》中认为，那兽形“样子很像是挂在那个双腿盘坐的人身上的一个兽面胸牌，用以显示其神圣和威严。”兽面胸牌是为突现人的尊严服务的。

从现有文献资料看，琮作为一种瑞玉，作用主要表现在两个方面。首先，它作为一种礼器而存在，“以苍璧礼天，以黄琮礼地。”(《周礼·大宗伯》)。礼天和礼地都还是比较虚的，更主要的是礼人，用以表示人的身份和地位。不同大小、不同品位的琮，由不同的人使用。我们至今还弄不明白当时社会分化的具体状况，但身份和地位的差异总归是有的。其次，琮又可作为一种符节，“琮以发兵”。手里拿着琮，就可以代表氏族或部落贵族发号司令，调动武装力量。

琮为什么有那么大的威力呢？这就与琮上面的神人兽面复合像有关了。

有人认为，这是一种图腾。在原始社会中，人们崇拜自然，崇拜自然力和某种自然物，于是，就以某种自然物的图形作为本氏族的保护神和标志，称为图腾。图腾作为保护神，往往是凶猛的，有力的。从这个意义上讲，琮上的神人兽面复合像中的兽面具有这样的特性，那两颗大獠牙和锋利的爪子，足以撕碎一切来犯者，以保护主人以至整个族人的安全。

有人以为，神人兽面复合像是一种族徽，是同族人等的标志。这也没有什么错。族徽常常是与图腾同义的。问题是，这是怎样的一种族徽呢？我们觉得，它充斥着原始的人文精神，把人的精神、人的力量提升到了极致。人在上，兽在下；人支配兽，兽受制于人。虽然，作为人的保护神的兽，它的功能在于保护人；但是，为能使兽保护人，人必须首先制服兽。人只有能制服兽，兽才能服服帖帖地去保护人。事实难道不正是这样的吗？这可以看成人类在数十万年斗争中积累经验基础上形成的最可珍贵的理念。事实上，有了这样的理念，人才成之为人。

神人，其实只是一个“人”字，一个实实在在的“人”字。在原始人心目中，其实也只是如此。

有人认为，神人兽面复合像本身标志着一个时代，一个时代的到来。琮是宗庙祭祀中的灵物。琮的外圆内方的造型，象征着天、地、人三者的贯穿。但是，琮作为一种物，它本无声，怎样化无声为有声呢？桥梁便是巫师。他们的神通广大的法术足以沟通天地、神祇、人。正因为他们神通广大，其权势也就特别的大，其权势很快渗入了氏族和部落的行政权力中。张光直先生认为，“琮的意义尤为重大，是巫师借以通天地的法器。在中国历史上，有着一个巫政结合并产生特权阶级的玉琮时代。”（《谈琮及其在中国古史上的意义》）如果真有这样一个玉琮时代，那么人类的古史将重写。

令人震惊的三星堆遗址 古蜀文明消亡之谜

三星堆遗址位于四川广汉县南兴镇北。这里有一条称为马牧河的古河道，北岸的阶地形似月牙，叫做“月亮湾”，南岸原有三个大土堆，叫“三星堆”。就在这个富有传奇色彩的“星”、“月”之地，演绎出了动人的考古佳话。经科学测定，这里曾经有过5000年前的远古文明，在此基础上，还建立了具有高度文明水平的古蜀国。然而，这蜀地文明是独立发展起来的，还是受中原文化、荆楚文化影响的产物？这里的居民的族属为何？三星堆文明高度发展，后来为何又突然消亡了呢？所谓“巴蜀图语”是一般符号、还是文字呢？这一个又一个“为什么”，构成了至今难以破译的千古之谜。

三星堆遗址是距今5000年至3000年的古蜀文化遗址，遗址内存在着三种面貌不同而又连续发展的三期考古学文化，第一期为新石器时代晚期，相当于距今5000年；第二期为距今3700年上下，约相当于夏商之际；第三期距今为3200年，相当于商代中晚期到西周早期。三期文化是一脉相承的。

在三星堆出土的先民遗物中，有大量玉质的璧、圭、

三星堆遗址东城墙现场发掘情况

三星堆遗址二号祭祀坑发掘情况

璋、琮，这些都是祭祀用的礼器，还有作为牺牲用的动物骨渣和象牙。

在三星堆出土的先民遗物中，有应为辟巫模拟像的青铜人像。其中青铜大立人像通高2.62米，头戴回纹筒冠，身着右衽龙袍，两手虚握，夸张为环状，站立于神坛之上。铜像面部表情肃穆，端庄威严，极具王者风范，而龙袍上两条飞龙，虽经数千年仍栩栩如生。三星堆还出土了不少青铜面具，最大的纵目面具宽1.38米，高0.65米，眼睛呈柱状突出16.5厘米，耳朵张开为扇状，似为“千里眼、顺风耳”。另外还出土了神灵怪异的青铜神树，树高384厘米，分为三层，每层有三条枝，每枝站一鸟，鸟下踩火轮，与传说中的扶桑树完全相合。鸟为金鸟，火轮即太阳。其造型之奇特，结构之复杂，装饰之华丽，内涵之丰富，在先秦植物造型中首屈一指。

在三星堆出土的先民遗物中，有一些金器。金器的含金量达85%以上，其余含量为银，杂质含量仅为0.3%，显示了十分高超的冶金水平。其中最具代表性的一条纯金权杖，长142厘米，上刻有三组以鱼、鸟、人为内容的细致纹饰，这可能是古蜀国国王的权杖。

这些都昭示了：在中原文明和荆楚文明发祥的同时，早在大约5000年前，在西蜀地区，已经有了高度的文明，到商帝国时代，西蜀也不是什么“蛮夷、落后之地”，它的高度发达的青铜文明完全可以与商代青铜文明相比美，二者只在伯仲之间。

然而，这一切又留给人们诸多的谜。

谜之一：三星堆遗址居民的族属为何？目前有氐羌说、濮人说、巴人说、东夷说、越人说等几种不同看法，多数学者认为岷江上游的石棺葬文化与三星堆文化关系密切，其主体居民可能来自川西北及岷江上游的氐羌系。

谜之二：“巴蜀图语”代表什么？三星堆出土的金杖等器物上的

符号被人称为“巴蜀图语”，它代表着什么呢？专家们莫衷一是，有的认为是原始文字，有的认为是族徽，有的干脆认为是图画，还有人认为是某种宗教符号。三星堆人宗教观念十分鲜明而强烈，现今出土的玉器、石器、陶器，以至于铜器，都与宗教活动有一定联系。据此，不少专家以为是宗教符号或族徽。

谜之三：三星堆文化来自何方？也就是说这种文化的源头在哪里呢？

一种看法是：三星堆文化受其他地域文化的一定影响，但从主体而言，它是卓然独立的，自成体系的。三星堆一期文化是这里最古老的文化，从成都平原出土的玉器为证，它受到了长江中下游地区某些文化的影响。在商代，三星堆已发展成为高度发达的青铜文明中心，它代表了长江流域文明的最高成就。作为长江上游地区古代文明的杰出代表，它比黄河文明还早，这一发现，再一次证明中华文明起源是多元的，而不是一元的。

还有一种看法认为，三星堆文化与黄河文明有着或直接或间接的联系，是黄河文明的一种传承。早在上个世纪 30 年代，旅居日本的郭沫若先生在看了出土玉、石、陶各类器物的照片后称：“这些器物证明了：古代西蜀曾与华中、华北有过文化接触。”一些专家认为，中原文化与西蜀文化虽然远隔万水千山，但我们不能低估商人的能力和商域的规模，通过商业交往，中原文化完全可以渗入西蜀地区。著名历史学家李学勤从三星堆两座器物坑若干青铜器的考察出发，主张：“以中原为中心的商文化先向南推进，经淮至江，越过洞庭湖，又溯江入蜀地。这很可能是商文化传往成都平原的一条主要途径。”依此说，商的势力和商的文化的影响已达成都平原。

一种比较公允的看法认为，三星堆文化与岷江上游新石器文化有关，与川东鄂西史前文化有关，还与山东龙山文化有关。结论是：

这一文化是土著文化与外来文化融合的产物。

谜之四:三星堆古蜀国政权与中原王朝的关系怎样?关键在于:三星堆古蜀国是一个附属于中原王朝的部落军事联盟,还是一个相对独立的已建立起统一王朝的早期国家。绝大部分专家认为,说古蜀国附属于中原王朝,现在还缺乏文字资料和考古学资料的佐证,从大量出土文物的个性特征看,它极有可能是一个相对独立并已建立起王朝的早期国家。其宗教意识十分浓烈,宗教形态是自然崇拜、祖先崇拜、神灵崇拜三者的兼而有之。

谜之五:古蜀文明和古蜀国为何突然消灭?

从发掘情况看,古蜀文明至少存在和发展了二三千年,而且文明程度在同期的中国和世界上都应属于前列的。但是,后来又为什么销声匿迹了呢?不少学者提出了荒灾说、战争说、瘟疫说或自动迁徙说等说法,但都略嫌证据不多和不足。

根据土色土质分析,这里的地层可划分为16层:1～6层分别为现代耕土层到东周层,8～16层分别是从商末周初到新石器时代晚期。其间第7层是一个厚20～50厘米的富含水分的淤泥层。这一淤泥层中出土有贝壳、水生物化石等,这就完全有理由作出这样的假想:一场洪水一夜之间使古蜀文明突然消亡。

千古“石头记”

上古岩画之谜

岩画，岩石的艺术，刻绘在石面上的绘画。中国岩画产生的时代，大约可追溯到3万年之前。在文字产生之前，岩画组成了中国艺术史的最早篇章，它用刻绘的方式，记录下了原始先民的文化和智能。中国的岩画中，有着怎样的文化意蕴呢？这是我们要加以研究的。

岩画是一种永恒的艺术。人们在刻绘石面中，表述着自己的心迹，宣泄着生存抗争的心灵呼唤。一幅又一幅的岩画，就是一部又一部的千古“石头记”。

最早的岩画发现于欧洲。一个牧羊人不自觉地走进一个洞穴，里面的岩画使他目不暇接。消息公布出去，举世为之惊异。原来这是几万年前的先民留下的手迹。之后，人们又在非洲、亚洲、澳洲、美洲都发现了岩画，中国也发现了具有自己民族特色的岩画。

中国岩画最早发现于福建花山崖。清代张穆在《异闻录》中如是说：“广西太平府，有高崖数里，现兵马持刀杖，或有无首者，舟人戒无指，有言之者，则患病。”《宁明州志》

载:“花山距城五十里,峭壁中有生成赤色人形,皆裸体,或大或小,或执干戈,或骑马,未乱之先,色明亮,乱过之后,色稍黯淡。又按沿江一路两岸,崖壁如此类者多有。”对这些岩画,当时根本不可能去研究考察,后来也就淡然了。

从20世纪70年代以来,中国远古岩画的发现有了很大的进展。在广西、云南、内蒙古、宁夏、甘肃、青海、新疆、山东、福建等地都发现了岩画。在高山,在草原,在有岩壁有石块的地方,都可能留下先民们创作的岩画,留下远古时代不朽的记忆。

知原先生在《人之初》中认为,“岩画是自传体的画作,是先民们的自我发现,自我的宣泄。”这大致上是对的,下面我们可以对此略作分析。

首先,岩画反映了先民生产过程中的“自传体的画作”。生产永远是岩画的第一主题。

岩画中最能引起人们思考的是大量的动物图形、人类的狩猎活动。动物与人是岩画画面中的中心题材,据统计,一般岩画中的动物画面要占到80%~90%。岩画中的动物多达四五十种,出现最多的是岩羊、鹿、野马、骆驼。这些动物一方面是野生的自然物,同时也是他们狩猎和肉食的对象。正因为如此,岩画中的动物显得特别的可爱。

岩画中表现的狩猎方式,主要有射箭、棒打、独猎、围猎等几种。射猎者有时是单人独猎,有时浩浩荡荡队伍列队出击。阴山岩画中的一幅围猎图是十分生动有趣的。画面上有多头的羊、牛及其他动物,它们进入了猎人的包围圈。画面上只有四人:两人在前面阻拦,一人在后面断后,还有一人在旁包抄,使这些进入包围圈中的猎物无处逃遁。为了说明胜利在即,画面中还出现了几头猎物倒地的镜头,实在生动得很。

云南沧源岩画

除了在岩画中反映人们的狩猎生活外，还反映着先民的农作生活。连云港将军岩发现的岩画遗迹，内容有人面、农作物、鸟兽、星云及各种符号。在一幅岩画中，禾苗之类的农作物图形多达 13 种，它反映了人类与农业的密切依赖关系，也表达了当时的人们对生产庄稼的土地的一种崇拜意识。这是目前为止发现的唯一反映我国原始农业部落社会生活的岩画。也有专家认为，画面中庄稼插入大地，而人面又连接于禾苗之上，这本身是“庄稼生人”神话的反映，表现了初民对人类起源的思索：人是不是从庄稼（或植物）里生长出来的？这实际上是原始农耕时代的幻想和哲学。

其次，岩画也多侧面地反映着初民的生活。

在花山崖岩画中，在黑山岩画中，在沧源岩画中，都有大量人的群体生活图像，他们或一起游玩，或共同欢娱，或群起劳作，景观十分伟岸。在不少岩画中，专家们认为显示的人口密度太高，原始社会绝不可能达到这样高的人口密度。但是，在艺术作品中，那又是允许的，朱狄先生在《原始文化研究》一书中指出："我相信它是在过去消逝了的时间中能够回忆起来的几代人的人口总和，而并非是一种装饰效果的体现。"

舞蹈是初民生活的重要组成部分，它不仅是娱乐，也是休憩，也是养生，甚至可以说也是生活的本身。岩画中表现的舞蹈，有独舞、双人舞、三人舞和群舞，而又以独舞为主。有些舞蹈是直接摹写现实生活的，包括狩猎舞、生育舞、征战舞、祭祀舞等，其舞姿或狂野豪放，或轻盈婀娜，给人以美的感觉。

此外，远古岩画中还蕴含着许多怪诞的、神秘的、神化的东西，也很耐人寻味。

岩画中用夸大的笔法写男女的性征及性器官，或用夸大的手法刻绘交媾过程，这是史前生殖崇拜和性崇拜的铁证。在岩画中还有许多戴着头饰的似人非人的形象，实际上是对祖先及神的绘描。有的神人的头顶还有一太阳，那是神人崇拜与自然崇拜的综合了。

盖山林先生在《中国岩画学》一书中说："岩画是人类有文字之前文化和智能的主要记录。岩画是以艺术的形象语言，向后世道出了人类为生存而斗争的一幕幕激动人心的场景。"可惜，我们至今对岩画的研究还很不够，因此对先民生存斗争的场景也就展示得很不够。

远古的律历信息

玉版玉龟相叠之谜

传说伏羲时，有龙马从黄河中出现，背负河图。到夏禹的时候，又有神龟从洛水中出现，背负洛书。当时的圣人，就依据龙马的河图、神龟的洛书，画成了八卦，从而产生了原始的历律。

可是，多少年来，河图何在？洛书何在？答案是一个难以解开的谜。

上个世纪 80 年代中叶，人们发现了距今大约 5300 年前的位于安徽含山县的凌家滩遗址。地下发掘一下把人们震慑住了，大量精美的玉器、石器、陶器，使人们似乎看到了"中华远古文明的曙光"。尤其那制作精致的玉龟，那玄机莫测的玉版，二者相交相叠，似乎使我们真正看到了远古时代的原始八卦图形，看到了我国历律的萌芽。

凌家滩的玉器，几乎件件都有神话般的故事，几乎件件透出着丰富的远古时代的历史信息。而最使人感到兴趣的是叠压在一起的玉版和玉龟。

玉龟分为背甲和腹甲。背甲两边各对钻两圆孔，两孔之间雕刻凹槽，背甲尾部对钻四个圆孔。腹甲的两侧与背甲钻孔对应处也对钻两圆孔，腹甲尾部对钻一圆孔，这些上下对应钻孔是为了拴绳固定之用。

另一件是玉版。为长方形，正面略带弧形，琢磨三条宽约0.4厘米、深0.2厘米的凹边。玉版长11厘米，宽8.2厘米。在玉版的正面，围绕着中心，刻有两个大小相套的圆圈。在内圆里，刻方心八角形图案，内外圆之间，有八条直线将其分割为八等份。在每一份中，各刻有一个箭头。在外圆和玉版的四角之间，也各刻有一个箭头。在玉版的两短边的边沿，各钻有5个圆孔；在无凹边的长边钻有4个圆孔，有凹边的长边钻有9个圆孔。

玉版中心与内圆相接的方心八角形，按照传统的解释，它是太阳的象征。八角是太阳辐射的光芒，这说明玉版图形与太阳有着密切的关系。

玉版大圆与小圆之间的8个箭头和四角的4个箭头，是图形的主体部分。在天文学上，大圆往往代表宇宙、天球、季节的变化。如将大圆与周天旋转、季节循环相联系，那么箭头的数量4和8就有了实际的意义。中国古代习惯于以北斗七星的位置变化确定季节，也用其他季节星象或太阳在天空中的位置变化来确定季节。因此，我们有理由把玉版大圆所刻出的八个方位看成与季节有关的图形，事实也如此。

玉版图形中的四方和八方，正与《周易》中的四象和八卦概念相合。四象和八卦，在季节上的概念，相当于农历的四时八节。四象(四时)相当于春夏秋冬，八卦(八节)是四时的再分割。

玉版的八方图形与中心象征太阳的图形相配，符合我国古代的原始八卦理论。玉版四周的四、五、九、五之数，与洛书“太一下行八卦之宫每四乃还中央”相合，玉版图形表现的内容应为原始八卦。

出土时，玉版与玉龟叠压在一起，说明二者关系密切。

安徽省文物考古研究所的张敬国先生在《朝鲜圣地凌家滩》一文中指出："可以证实，早在5300年前，我们的祖先就有了河图、洛书的观念。远古没有文字，人们使用钻孔、画圈的办法计数，记载时节。因此，河图、洛书就是历法。凌家滩出土的玉龟和玉版的图形，证实在5300年前就有这种历法存在，反映了我国夏代或先夏的律历制度。"这应该说是正确的。

尤为耐人寻味的是，玉版玉龟叠压在一起，或者说玉版夹放于龟甲里面，这和各种律书所说的"元龟衔符"(《黄帝出军诀》)、"元龟负书出"(《尚书中候》)、"大龟负图"(《龙鱼河图》)都可印证起来，这也是远古律历学上的一大奇迹了。

远古时代律历方面的成就不只见诸凌家滩，在不少新石器时代的发掘中都可见端倪。河南濮阳西水坡遗址发现的墓葬M45，其中埋有4人，墓主为一壮年男子，其余3人可能为殉葬者。墓坑平面南部呈圆形，北部呈方形。墓主头向南，在骨架的东西两侧，有用蚌壳精心摆塑的龙虎图案，其足端(即墓的北面)则另有一堆摆成三角形的蚌壳和两根胫骨。在整个墓葬中，最引人注目的是墓主左右的一龙一虎。龙头朝北，背朝西，全长1.78米，高0.67米，昂首，曲颈，弓身，长尾，前爪扒，后爪蹬，状如腾飞。虎头朝北，背朝东，全长1.39米，高0.63米，头微低，圜目圆睁，张口露齿，虎尾下垂，四肢交递，状如行走。

张光直先生对西水坡M45及其相关遗存进行研究后认为，龙虎鹿(隐隐然还有一鹿，在墓北)艺术形象的寓意，是原始道教上的龙虎鹿三蹻。《抱朴子》："若能乘蹻者，可以周流天下，不拘山河。凡乘蹻有三法，一曰龙蹻，二曰虎蹻，三曰鹿卢蹻。"张教授得出结论："濮阳M45的墓主是个原始道士或者巫师，而用蚌壳摆塑的龙、虎、鹿乃是他能召唤使用的三蹻的艺术形象,是助他上天入地的三蹻的形象。”如果张光直教授的论断可以成立,那么道教原始要推到公元前 5000 年了。

而考古学家冯时先生认为,此墓的平面布局实际上是一幅公元前 5000 年左右的星象图。龙虎分别为东宫苍龙、西宫白虎,北部三角形蚌壳加上胫首代表北斗,南圆北方的墓穴则代表天圆地方的古老宇宙学说。由此可知,当时的先民的天文历算知识已经相当精深了。——当然不是指所有人,而是指一部分处于社会上层的知识者。

说法虽有种种,但在墓主可能是一名巫师这点上没有分歧。巫师是宗教仪式的执行者,同时也是专门掌握天文历算知识的人,他们把自己的墓制作成一幅星象图,也是可以理解的了。

谁为伏羲？

人类驯养家畜之谜

中国古代传说中的伏羲氏是一个有"圣德"的伟人。他的"圣德"集中体现在"取牺牲以充庖厨"上。伏羲的"羲"通"牺"，他是降服一切飞禽走兽的一个了不起的人物。这里所谓的降服，实际上就是豢养。人工饲养动物使原始人的食物水平上了一个台阶，使他们的庖厨中的食物丰富而充裕起来。可是，谁是历史上真正的伏羲？历史上的伏羲生活在何时何地？这一直是人们心目中的一个谜。

神话中的伏羲是充分神化了的。他的形象就很特殊，有的说他"龙身而人头，鼓其腹"(《山海经·海内东经》)，是雷神的化身。有的说他是雷神之子，"蛇身人首，有圣德"(《史记·补三皇本纪》)。据说，他是人间很多物事的肇始者，尤其是"取牺牲以充庖厨"(《太平御览》卷七八引《皇玉世纪》)，说明他是人工饲养动物的始祖。

这位人工饲养动物的始祖是何许样人？一直是个谜。有些画家把他画成骑在虎背上降伏猛虎的英雄，看来那只是种想象。实际上，伏羲"伏"的并不是猛虎之类的巨兽，而是猪、鸡之类一直延续了几千年的家畜。

人类之“伏羲”起于何时，成于何地？远古时代的考古发现作了绝妙的回答。

伏羲必是新石器时代人的代称，那是毫无异议的。在旧石器时代，人们处于“迁徙往来无常处”（《史记·五帝本纪》）的状态中，就不可能豢养任何家畜，进入新石器时代以后，生产的发展使建立定居的村落有了可能，磨光石器的使用，陶器的发明，使远古人类的狩猎能力有了不小的提高，狩猎所得在一定条件下还可能有所盈余，于是把这些暂时不吃的捕得的动物豢养在住宅里或住宅旁特定的地方，久而久之，便有了驯育家畜的习惯。人类驯育家畜大概已有了六七千年到一万年的时间。

在诸多动物中，首先驯化的是猪。家猪的前身是野猪。野猪烈性甚强，生长于森林之中，出入于草原之上。野猪是杂食性哺乳动物，体肥而腿短，大嘴前长有两根大獠牙，极具冲击力和杀伤力，对人也很有威胁力。但是，猪在各类动物中有它的优势：一，体态肥胖，肉量大，捕杀一头可供应相当多的肉量，这在原始社会时期是极重要的；二，猪是杂食性哺乳动物，营养价值高，这一点原始人在吃猪肉过程中一定是体会到了的；三，猪繁殖快，一次可繁殖十数头，这对人类来说是很重要的。正是这些利益上的原因，人类冒着野猪野性发作上的危险培育起家性猪来了。《简明大不列颠百科全书》认为，“野猪和家猪无大分别，只是家猪的獠牙不若野猪发达。”獠牙退化的过程，就是猪驯化成功的过程。

早在公元前6000年的山东滕县北辛遗址中，发现有很多椭圆形或不规则形状的坑，在这些坑中不只一次地发现了成堆的猪头骨。在一个深约1.2米、底部凸凹不平的坑中，接近坑底处集中堆放着六个猪下颌骨，其上还用石板覆盖了起来，可见是十分珍视的。在磁山遗址，在裴李岗遗址，都发现了家养猪的踪迹。

北方的伏羲们注重于养猪，南方呢？南方的伏羲同样十分重视养猪。在河姆渡遗址，普遍发现了猪的骨骼化石。在遗址中，我们还发现了形态毕肖的陶塑小猪呢，这进一步证明了猪与人们生活的紧密关系。

除猪之外，狗是较早被驯化的动物了。《简明大不列颠百科全书》认为，“狗是最早的家养动物，至少在一万年以前就成了人类的伙伴。”

从生物学上讲，狗的近期祖先是狼。但是，早在人驯化狗之前，家狗的前身野狗早已从狼中分化出来，野狗是狼中最温顺的一支。人为什么最早选择狗来驯化呢？一，狗比其它动物易于驯化。如果猎得小狗，在6～8周之内它的行为和生理尚未充分发育，这时极适宜于驯养和建立感情，这在其它动物简直是难以想象的。二，狗有丰富的感情——亲热、友好、高兴、兴奋、悲伤、痛苦、愤怒、恐惧，都能较好地表达出来，因此狗最能讨人欢喜。三，狗能干，它的能干程度也是其它动物难以企及的。狗可以打猎、可以看守、可以警戒、可以牧羊、可以玩赏、可以表演、可以导向，还可以拉橇耕田，人与狗结成伙伴，这一点看来是做对了。

在磁山遗址中，有许多狗骨化石。当时，狗除了可以用来助猎外，也供人们食用。那些相当破碎的狗骨，看来正是人们食用狗肉以后又将狗骨敲碎，吸食其中的骨髓的明证。

除猪、狗外，人们早期驯养的还有鸡。

在原始社会时期，在浓密的森林里，在开阔的草地上，以至于在灌木丛中，栖息着野生的鸡形目动物。它们在夜间利用自己短而圆的翅膀飞上树头去休息，白天则在地面上取食、交配。鸡的驯养一方面来自对鲜美的鸡肉的向往，同时又因为大而营养丰富的鸡蛋也是一种可口的食品。人们养家鸡，最后倾向于把鸡类作为卵用鸡，人们对蛋的兴趣会比鸡还大。

在磁山遗址发现了明显已经脱离原鸡状态的鸡的标本，其双翅和双脚的进一步退化也十分明显。这是我国最早饲养家鸡的明证。如果没有什么新的发现，这也证明人类驯养家鸡已有了 8000 多年的历史了。

看来伏羲氏真正是一个群体。南方的伏羲氏和北方的伏羲氏们一种动物一种动物地驯化着，经过千百年的驯化，人类驯养的动物越来越多，人类庖厨中的美味也越来越丰富了。

人与肉食

“六畜”之谜

如果从食物系统看，人是既食肉食又食草食的杂食类动物，而杂食中又较偏重于肉食。正是草食(摘取植物果实)向以肉食为主的杂食的转化，促成了人身心的急剧变化，使人真正地远离一般意义上的动物界。人在长期的生活中选择着自己的肉食品，最后定格在“六畜”上。

一般的辞书上为“六畜”作注时，总是引《左传》昭公二十五年的一句话：“为六畜、五牲、三牺，以奉五味。”对此杜预解释道：“马、牛、羊、鸡、犬、豕。”这样看来，似乎六畜的观念起于春秋战国时期。其实，这是不确切的。“六畜”的观念要大大早于春秋战国时期，一旦人类跨入新石器时代的门槛开始了定居生活以后，人们就着意于寻找肉食品中的主食，进行圈养活动。一直到新石器时期末期，主要的家养动物锁定为六种，这才有了完整的“六畜”观念，时期上大约在公元前一万年到四五千年之间。

这也实在不易，人们为了寻找肉食的主菜，花费了五六千年的时间。

远古人类家养牲畜的最好见证是圈养牲畜的圈栏。野生动物是没有也不可能有圈栏的限制的,自由自在得很,同时也就野性十足。为了去掉动物的这种野性,听从人类的命令,第一步就必须限制它的自由,使之在人们限定的空间内生存和活动。这样,人不只可以在需要时随时食用它们,同时还可以获取它们生育后的动物后裔。而牲畜圈栏就是远古人类的一大发明。

原则上说,在一万年前人类进入新石器时代开始定居始,就有了这种牲畜圈栏。但我们至今还未发现。在山东滕州北辛遗址,我们发现有若干窖穴,在这些窖穴的底部板结着不少动物粪便层,无疑,这是原始而坚固的圈养牲畜的圈栏,年代在七八千年以上。浙江余姚河姆渡遗址也见到两座家畜的小型栅栏遗址。西安半坡遗址有着较大的牲畜圈栏遗址,可能是氏族公有的牲畜圈养地。在临潼姜寨遗址还发现了两座牲畜夜宿场,场上留有几十厘米厚的畜粪堆积层,表明仰韶文化居民的家畜饲养有了一定规模。在山东胶县三里河遗址的一座猪圈栏遗迹的底部,还遗留有5具完整的小猪遗骸呢!

牲畜的圈养活动在人类的新石器时代延续了将近有一万年。

现在,传统的“六畜”的秩序编排为:马、牛、羊、鸡、犬、豕,而实际的情况可能恰恰相反。

被后人排列在末座的猪,它的被圈养是首当其冲的。河北徐水南庄头遗址出土过距今一万年前的家猪遗骸,河北磁山文化遗址出土的动物遗骨很多,而以猪骨化石为最多。浙江河姆渡出土的48种动物遗骨化石中,家养的占了相当比例,而其中以家养猪遗骨化石为多。仰韶文化和大汶口文化中也出土了不少猪骨。浙江王岗出土的猪骨架吻短,眼眶突不明显,头骨比例较宽,上下犬齿都不发育,下颌联合部短而薄,颊面比较弱小,特别是第三臼齿缩小明显。

这些都是长期家养的结果，我们把猪看作是“六畜”中的龙头老大是有充分证据的。

犬被列第二。在中国文字中狗与犬基本同义，但狗是一个广义的类的称呼，而“犬”是指狗中体小者。《左传》把六畜中的一畜称为“犬”是准确的。的确，我们在远古文化遗址中发现的大多是体小的“犬”，而不是如狼似的“狗”。狼是狗的祖宗。狼的品种很多，其中比较温顺的一种变成了野狗，野狗中体小而弱者变成了“犬”。当时人类着力于驯化“犬”，目的还在于食用。

长期以来，人们认为鸡起源于南亚和东亚，而我国的鸡是从印度传入的。后来，在磁山文化遗址中发现了家养鸡的标本，证明中国鸡也是土生土长的。在新石器早期文化遗址中没有发现鸡，只有猪与狗(犬)，到了磁山文化时期，才有猪、犬、鸡的并存，可见，鸡比猪和犬的圈养要晚一些可以说是肯定的。也就是说，到了磁山文化时期，“鸡犬不宁”这个词才有实际意义。

羊可能最早饲养于北方，我们从大汶口文化的刘林期文化中发现了羊的遗骨化石。在中国古文字中，“羊”与“祥”相通，由此发展为“羊卜”，以羊来占卜事物的臧否。“羊”又与“美”(完美)联系在一起，“羊大为美”，在古代人心目中，羊的又大又肥，是十分可喜可贺的事。考古学家研究表明，羊的饲养起于北方，后又传向南方。它的饲养当后于猪、犬、鸡，而在六畜中位居第四。

接下去是牛了。牛力大无比，野牛又易发牛脾气，因此较难以驯化，在“六畜”中驯化的时间也稍为晚些。在黄河下游的刘林期遗址中，发现有牛的遗骨化石，但难以确定是否是家养的。在南方，在新石器时代水牛的饲养的痕迹比较明显。在彭头山文化遗址发现了家水牛的骨骸，在江苏吴江梅堰遗址，出土了7头完整的水牛头骨。太湖地区其他遗址也都发现了水牛的踪影。可见，至迟到新石器时期中晚期，牛已成为人类生活和生产的伴侣。

马的饲养要更难一些，但到新石器时代末期，或到金石并用时期，马也进入了人类的生活领域。在我国北方，驯化成功了家猫、家兔、家蜂，还驯化成功了家马。到此时，“六畜”算是齐全了。

问题在于，既然说“六畜”实际的驯化顺序应为猪、犬、鸡、羊、牛、马，而到了《左传》那里，却变成了马、牛、羊、鸡、犬、猪了呢？道理很简单，新石器时代的驯化序列是以驯化的易难排列的，猪、犬易于驯化，当然是首当其冲了，这本身有其内在的规律性，牛、马最难于驯化，也就排在后头了。再说，从饲养和驯化的初始原因来说，明显是为了食用，从食用意义上说，当然以狗、鸡、羊(犬另当别论)为先了。牛、马的味道不及猪、羊，获取又异常困难，因此也就不去勉为其难了。可到了后来，食的问题退居二线了，“六畜”的社会功能显现了，这时，牛、马的地位就上升了。牛用于耕，马用于战，他们的作用“六畜”中哪个都不能比。

另外有人问，为什么是“六畜”，而不是“七畜”、“八畜”？这很容易理解。“六”在中文中是最吉利的数字，六丁、六子、六王、六爻、六六、六甲、六代、六令、六色、六州、六宇、六志、六和、六釆，等等，都以“六”取吉祥之意，“六畜”也是如此。六畜兴旺，代表着我国古代人民的心愿。

郑玄在《周礼·天官、庖人》注中写道：“六畜，六牲也。”六畜通神。祭祖，祭神，用的牺牲品不外乎是六畜。从这个意义上讲，则是远古人类饲养这些动物初衷的异化了。

驯化的代价

原始人短命之谜

什么叫"人寿天年"？每个时代有每个时代的也许是完全不同的答案。在原始社会里，人的寿命很短，也许到四十来岁就算是享尽天年了。中国有一句古话，叫做"人过四十不为夭"。问题是，为什么原始时代人的寿命如此之短呢？一般来说，人们总是归罪于当时生活条件的极端恶劣。然而，除此之外还有没其他方面的原因呢？它与人的驯化动物有没有什么关连呢？

在原始时代，人的寿命是很短的。据对周口店北京猿人化石的分析，69.2%的猿人化石生前年龄在14岁以下，达到或超过40岁的只占8.5%。在欧洲情况也差不多，据对尼安得特人化石的分析，死于11岁左右的占了40%，死于40岁以上的仅占5%不到。

这是可悲的。

科学家对人的自然寿命作了研究，认为至今为止，再长寿的老人也没有达到生命的极限。一位著名学者指出，各种动物的寿命期限为生长期的五到七倍。人的生长期为 22～28 年，这样推算人的自然寿命该为 120 岁到 190 岁之间，甚至可以活得更长。就是说，原始社会时期一般人只活到了自然寿命的六分之一。

这是多大的人间悲剧啊！

造成这一悲剧的有生产力水平和生活水平的问题，但人们长期忽视了由动物体传染给人体病菌病毒的问题。正是来自动物体的病菌和病毒，吞噬了数以万千计的原始人的生命。这一点已经为考古学所证明，就是原始人也会从动物身上传染到疾病的。

人类为要生存和发展，就必须依靠一部分动物，靠它们来提供食物的来源。除了"六畜"之外，原始人还要与更多的动物打交道。居住在汉水流域的下王岗人，猎获物中就有象、苏门犀、苏门羚、麝、斑鹿、梅花鹿、狍、水鹿、豪猪、野猪、猕猴、黑熊、豹、虎、孔雀、鱼、龟、鳖、水獠、大熊猫、豹猫、水牛、貉，等等。可以说，几乎所有的原始人，他们接触的动物都要比他们的后代子孙为多。

为了生存，原始人必须广泛接触动物，以至于驯养动物。但是，动物——作为众多疾病的传播媒体，也会给人类带来巨大的灾难。人的生命之旅，也是一次危险之旅呀！

牛是人类最早也是最主要的驯化动物之一。牛从自身的肉、乳、皮，几乎全身都为人类所利用。牛在默默地为人类奉献这一切的同时，也把自身的一切疾病转移给了人类。在人类历史上有好几样最猖獗的传染病，如麻疹、肺结核、天花等，都源于牛。这或许正是牛对人类的一种报复。

由牛传播的天花，在人类历史上不知灭绝了多少人。有记载表明，16 世纪的发生在墨西哥的一次天花大流行，一下子"杀死"了近 2 千万印弟安人，帮助侵略者轻而易举地夺取了这块土地。有文字记载的传染病疫情记录告诉我们，近 5 个世纪来已有 2 亿多人口丧身于传染病。应该承认,500 年前人类抗击传染病的能力还要差,所受的灾难还要深重得多。人类历史相对于 500 年来说,是 6000 倍(如果人类的发展史为 300 万年的话),在这期间内要被传染病夺去多少人的生命呀,而这一点,恰恰为世人所忽视了。

来自动物的致命"礼物"

人 类 疾 病	携带病原体的动物
麻　　疹	牛
肺 结 核	牛
天　　花	牛或其它牲口
流行性感冒	猪 和 鸭
百 日 咳	猪、狗及其它
恶性疟疾	禽鸟(鸡和鸭等)

可以说,在人类发展过程中,是不断受到动物所携带的病菌的侵犯的。要知道,细菌实际上比人类更聪明,它们能用各种稀奇古怪的方式使人生病。由动物到人的传染,大致经历几个阶段:先是动物将病菌传给其密切接触者,然后在相关人群中传开,之后是在病人身上"安家落户",形成慢性的、待时而起的、久久伤害人类的疾病。

人类驯化动物是一个极大的进步。中国很早就有"六畜"之说,也就是指最常见的 6 种家畜。其实,就人类而言,在大约 5000 年之前就驯化了的有 14 种,经常接触到的那可能在上百种。人类在驯养接触动物中发展,也在这过程中经受着考验。善待家养的和野生的动物,学会取利除弊,这是人类进一步前进的必要条件。

家猪的地位

人猪合葬之谜

中国文字中的"家"字，有着十分奇妙的构架，上头是代表人之居室的"宀"，下头是象征一头猪的"豕"。难道说居室里有"猪"才能算"家"吗？而远古坟墓中的人猪合葬的场面，又一次告诉人们"猪"对于"人"的重要性。请想想吧，这究竟意味着什么呢？

由于年代的久远，远古时代的遗址本身会给我们留下许多的谜。就拿猪来说，遗址留给我们的是太多的二律背反和扑朔迷离的景象。

在磁山遗址中，有不少猪骨化石，而这些猪骨化石经考证又都是属于未成年的幼小个体。在老官台文化遗址，也有这种情况。不是说那个时代猪在人们心目中很有地位吗？为什么偏偏要在幼猪时即食去呢？这连考古学家也难以作出圆满也让人满意的答案。有人说，猪本身是多子多女的，一胎要生十来头，因此生下不久必有一些会自然死亡，人们食用死去的幼猪或选择其中弱而多病的幼猪食用，也是情理中的事。又有人说，新石器时代初期，人类虽然进步了，生产也有些进步，但究竟生存状况不太好，在某种条件下饿肚的事还是时有发生的。在实在没有食物的时候，杀死幼猪也是可以理解的。还有人说，当时正在野猪驯养成家猪的过程之中，猪一旦长大，极具破坏性，因此趁猪还未长大之时就杀来食用，只留少数成年猪作为种猪来使用，这样做完全为了安全。

上面种种解释，当然只是一家之言，甚至只是一种揣测。

一种更为奇特的现象让人百思不得其解：为什么在不少远古时代的葬穴中人猪同葬？在现代人看来，讲人是“猪”，那是一种侮辱，可是在远古时代，为什么猪享有与人共生死的殊荣呢？这当然也是一个谜。

在远古墓葬中，人猪合葬似乎随处可以见到的。在黄河中游的渭河流域的老官台文化遗址中，把猪头葬于主人的头边。位于杭嘉湖平原的罗家角文化遗址中，把漫画式的泥塑猪进行随葬，使猪的形象更鲜活、更可爱、更具魅力。更为有趣的是，在内蒙古赤峰市发现的兴隆洼遗址中，有人与两头整猪合葬的场景。这是一种居室葬，即将某些有身份的人死后葬于他生前居住的地方，而与此人合葬的是一雄一雌两头完整的成年猪。可见，猪在这些远古人类心目中地位的崇高了。

对人猪合葬之俗，人们作出了种种解释。

一种看法是，在自然界，人是一种并不能算十分强壮的动物，繁衍的能力也不怎么强。人猪合葬是表达了人的这样一种意愿：希望人像猪一样的强壮，在任何恶劣的生活条件下都能生存，尤其希望人像猪一样有十分强盛的繁衍能力，兴隆洼文化遗址选择十分强壮的一公一母两头猪随葬传出的就是这样一种信息。美籍华人人口学家段纪宪根据有关史料推测，夏禹时代人口应为一千万上下，而七八千年前的新石器时代人口约为 100 万上下，而百万年前的旧石

人猪合葬墓

器时代人口大约只有一万。在人口如此稀少的情况下,人们怎么会不艳羡猪的“多子多孙”呢?

另一种看法是,到了新石器时代的某阶段,已经初步产生了财富观念。能将猪随葬,本身是一种十分荣耀的事,因为表明他有诸多的财富。白寿彝先生认为:“人工饲养的猪渐渐成了人们的主要肉食来源。墓葬中用猪骨随葬,不仅表明它与人们生活的密切关系,或许同时还是一种财富的象征。”(《中国通史》)一些新石器时代的人随葬有多只猪头,有的还伴有陶制

1973年浙江余姚县河姆渡遗址出土的猪纹钵

的猪，这除了说明这些人的财富与权威外，很难用其他观点来说明。

还有一些学者认为，随着猪在人们生活中地位的提高，猪进入了祭祀领域（这已经被地下发掘所证明），成为一种十分吉祥、十分丰厚的牺牲品。人猪同葬，本身就是对猪能通鬼神之灵性观念的肯定。再进一步，就是把猪神圣化了。在辽宁牛河梁文化遗址，存在着高深莫测的祭祀文化，祭祀文化的代表作就是举世闻名的“女神庙”。在“女神庙”中，有神圣不可侵犯的女神朔像，有彩绘泥塑的人物塑像，还有各种动物塑像，其中最具象征意味的是猪龙塑像——把猪神圣化，使之成为猪身龙头的圣物。这就不难看出猪的地位了。在女神——神龙——人——猪四者之中，猪算是占有一席之地了。由此可以推断，新石器时代的人将人猪合葬并不看成有什么不光彩的地方，相反，还以此为荣耀也说不定呢！

结网为渔

"人面鱼纹盆"之谜

渔业是人类生产活动的一个重要方面。在中国的古代文献中,有"庖牺师蜘蛛而结网"(《抱朴子·对俗》)、"芒作网"(《世本》)、"蛛蝥作网"(《吕览·异用》)等种种说法。当然,上述那些都是神话传说中的人物,真正学会结网的应该是人自己。从半坡遗址中出土的"人面鱼纹盆"也许能给我们传递人类渔业生产活动方面的某些新信息。

半坡遗址位于陕西省西安市东郊。这里不像江南一带一样有着密集的河道,但是从出土的种种材料看,他们对渔业有着十分浓郁的兴趣。在他们发明的举世闻名的彩陶上,绘有鱼、鱼纹、鱼网。甚至可以说,鱼纹是半坡的标志。在众多鱼纹陶制品中,"人面鱼纹盆"是最有名的一件。

"人面鱼纹盆"的图案是这样的:在该盆内底部绘有一条大鱼,鱼旁绘有人的脸型,有趣的是,人脸上的两耳是以两条鱼来表示的。两条鱼的鱼嘴正对人的双耳穴,好像是要游进人的耳中去似的。人面的嘴微张着,两条鱼从嘴角的两边插入，似乎要游进人的嘴中似的。人头下部的空间中也隐隐然有鱼在跃动着。人的头上戴有尖顶的饰物，仔细辨认其实也是一条鱼，但又与一般的鱼形不同，给人以一种非常神秘的感觉。

应该怎样读解这“人面鱼纹盆”的图案呢？考古学家和人类学家有种种解释。

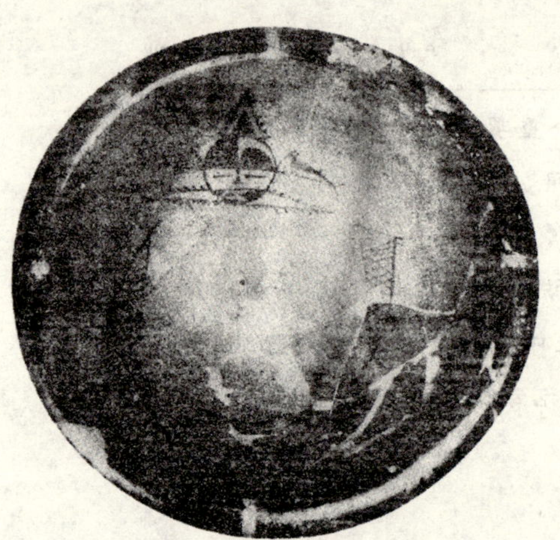

人面鱼纹盆

有人认为，这种图饰可能与半坡人的原始信仰有关，鱼可能是半坡人崇拜的一种图腾，用以祈求捕鱼丰收。图腾一词为英语 totem 的音译，源出印第安语，意为“他的亲族”。原始社会中，人们以某种自然物的图形作为本氏族的保护神和标志，这就是所谓图腾。说鱼是半坡人的图腾是完全可以加以考虑的。

还有人以为此图案表示了一种生殖崇拜。鱼的繁衍力要比人强得多，一泡鱼子就可长出成千上百条鱼，半坡人希望自己像鱼一样繁殖更多的后代，于是就在陶盆上画出了一个被鱼所包围的人头。

上述种种分析，也许是有一定道理的。但是，我们必须承认，在半坡人大量的以鱼、鱼纹、鱼网为题材的画作中，除了浪漫的想象外，更多的反映的是一种现实主义的写实情怀。他们白天从事农业劳动或渔业生产，晚上回到家中后就将自己的想法绘描在陶制品

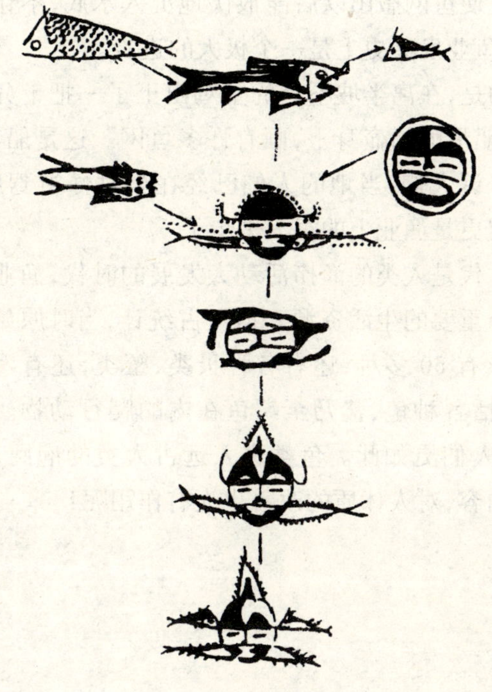

从鱼到人面鱼人格化过程示意图

上。就连那“人面鱼纹盆”也该是写实的。两条相对游进嘴里的鱼，正好反映了半坡人鱼食品的丰富，而两条相对游进人面的耳穴中的鱼，表明了鱼的信息充满了半坡人的耳穴。

在半坡遗址中，出土的箭镞最多，计 300 余件，其中半数为骨镞，还有石镞。箭镞用来射杀鱼类，是捕鱼的有力工具。此外还有大量的鱼钩、鱼叉，可见从陆上向水中进击的捕鱼工具在当时已经很发达。

鱼网是不可能留存下来的，但我们有足够的理由相信半坡人当时已经能结网捕鱼了。在半坡遗址中，发现有 200 多件石网坠。石网坠的作用是使鱼网撒出以后能很快地沉入水底,不让鱼有漏网的可能,这在捕鱼业发展史上是一个极大的进步。

有意思的是,在离半坡不远的宝鸡出土了一把十分生动而古绌的船形壶,在船形壶的壶身上,画有许多鱼网。这是船与网的结合,清楚不过地告诉人们,当地的人们已经在当时懂得驾船远航,撒网打渔了。这就更是渔业上的重大进步了。

新石器时代是人类的渔捞活动大发展的时代,渔业的发展为人类开辟了一个重要的生活资源。据考古统计,当时原始人食用过的水生动物遗骸有 50 多种,还有各种贝类、蟹类,还有鲨、鲟、鲤、鲫、鲛等,还有包括各种龟、鳖乃至鳄鱼在内的爬行动物。北方的人们如此,南方的人们更如此。鱼类进入远古人类的庖厨,不只丰富了人们的食物内容,对人体质的改善也大有作用呢!

第一只陶罐

陶器发明之谜

当我们远古的祖先用自己粗壮而灵巧的双手，制作出我们这颗星球上第一只陶罐的时候，客观上宣告了人类步入了一个崭新的时代——真正称得上发明创造的时代。在人类以往的漫长的历程中，只是使用和改造着自然物而已，而陶器的出现完全是不一样的。人用自己的手，创造出了一件地球上原先没有的东西。这是何等的伟大和光辉啊！

现在我们要问的是：这第一只陶罐是怎么制作出来的呢？人类为了实施这项发明，需要创造和具备哪些条件呢？在制作的工艺上，又需有哪些方面的突破呢？这些看来相当简单的问题，当年还引起革命导师的重视呢！

当我们来到新石器时代早期的裴李岗文化、磁山文化和大地湾文化遗址时，我们看到的是陶器，陶器，还是陶器。历史把我们带回到了公元前六七千年的那个时代——一个真正有所发明的时代。把平平常常的泥土，经过人为的加工，使之成陶制品，成为原始人的生活必需品，它的意义怎么理解也不为过。

问题在于:我们的原始人怎么想到制作陶器的呢?也就是说,中华大地上第一只陶罐是怎么制作出来的呢?记得革命导师恩格斯说过:

> 可以证明,在许多地方,也许是在一切地方,陶器的制造都是由于在编制的或木制的容器上涂上粘土使之能够耐火而产生的。在这样做时,人们不久就发现,成形的粘土不要内部的容器,也可以用于这个目的。

恩格斯的这段话一直为人们所引述。其实,恩格斯是在读了摩尔根的《古代社会》和其他一些著作后得出的结论。他的意思是在说:人们最初使用的是用植物的藤蔓编织和将树木挖空后制作的容器,这种容器的最大缺陷就是渗水性。对怎么防止渗水,人们一度一筹莫展。一次偶然的机会,他们把容器的外层涂上了一层粘土,粘土干后,把容器拿掉,也能起到盛物和防止渗水的作用了。正如英国的文化学家柴尔德说的:"可能是因为一只涂有粘土的篮子,偶然经过火烧,就成了

先用泥条盘筑,然后再用刮抹器加工,每一泥条的轮廓仍然清晰可见。

不透水的。”

这种观点当然是有道理的。它讲的是一种偶然。从辩证唯物主义观点看，偶然性是必然性的反映，必然性只能通过偶然性表现出来。正因为如此，我们在承认偶然性的同时，还要学会捕捉隐藏在偶然性背后的必然性。

近些年来，人们对陶器出现的必然性作了认真而富有成效的研究。林少雄在《人文晨曦》一书中指出：“对于史前人类来说，对陶器器形的发明和和制作工艺，也是十分重要和非常困难的。因为要做出第一只陶器，必须要有以下观念上的突破：首先要有需要保存和

陶器的普遍使用，意味着人们熟食的开始，这就使人类的智力与体力有了飞速发展。

盛放物品的意识，因为人类最初的物质创造，莫不与人们现实的物质生活需要密切相关；其次要有一定的空间意识，即自己要创造出一个新的空间，而这个空间既要有一定的封闭性，可以盛物而又不遗漏，又要有一定的开放性，即可以放入或取出物品；此外，这个空间必须是圆形的（至少是准圆形的），因为迄今为止的全部考古发掘，还从来没有发现一件除了圆形之外的其他形状的陶器。而所有这些在我们今天看来十分简单的问题，对于当时的人们来说，并不是轻而易举就可以解决的，一定要经过长期的思索和摸索。”从一定意义上讲，第一只陶器是人们长期思索和摸索的产儿。

在陶器的制作上，大致有那么几种：一是捏制法。就是用手把泥团捏制成一定的器物形状，然后制作成一定的器皿。这种制作方法比较粗糙，不规则。二是贴筑法。将粘湿的泥团捏成片，再一片片地贴在某一物件上，烘干后就成了一件陶制品。三是盘筑法。将泥料搓成条，从下往上盘绕成形，然后拍打、压抹完成。这三种中最常用的是第三种。

陶器对于人类的影响是很大的，因此有些专家把陶器盛行的时代称为“陶器时代”，那也是不无道理的。

陶釜煮婴

河姆渡人食婴之谜

河姆渡第一期报告称，在遗址第四文化层的居址内，发现一件陶釜，二件陶罐，釜、罐内各有一具婴儿骨架。可怕的是婴儿的骨骼零乱地与一堆鱼骨一起堆在釜、罐的底部，而且鱼骨和婴儿的骨骼都被煮过。这是怎么回事呢？如果这也是一种“人食人”现象的话，那么它与旧石器时代的“人吃人”现象有些什么区别呢？

人们经历了漫长的旧石器时代的几百万年的缓慢发展，到了距今一万年之前，终于进入了新石器时代。新石器时代是以出现长期定居的村落、在生产中使用磨光石器、烧制陶器、经营原始种植农业及饲养家畜为特征的。生产力的发展和人们生活方式的变化，使新石器时代的整个社会面貌发生了巨大变化。

人们一定要问：曾经长期存在于旧石器时代的“人吃人”现象，到了“安居乐业”地过定居生活和懂得豢养动物以后是不是绝灭了呢？

回答是否定的。

在河姆渡发现的陶釜煮婴现象使人心惊。

河姆渡第一期发掘报告称，在遗址第四文化层的居址内，发现一件陶釜，二件陶罐，釜、罐内各有一具婴儿骨架。婴儿骨骼零乱地与一堆鱼骨堆在釜、罐的底部，而且鱼骨和婴儿骨骼都被煮过。中国著名考古学家贾兰坡教授鉴定这一情况后，确证是经过煮过的出生不久的小孩遗骨，并认为："这不用'人吃人'是解释不通的。"

釜，古代的炊器，用以蒸煮食物。罐，盛物或蒸煮食物用具，主要用于盛物。可能的情形是：先把鱼和杀死的婴儿放在陶釜中蒸煮，煮熟以后，再倒入罐中盛放。罐中有煮过的鱼和婴儿尸骨，更说明这种"人吃人"现象并不是偶然的了。

我国有"釜底游鱼"的成语，可见以釜来蒸煮鱼类食品是常有的事。现在把鱼和人的婴儿放在一起蒸煮，一可能是求其味道之鲜美，二也说明人的婴儿的被食与食鱼一样是习以为常的事。

那么，同样是"人吃人"，旧石器时代的"人吃人"，同若干万年以后新石器时代的"煮婴"有什么不同呢？

显然，不能用食物不足来解释。河姆渡发掘中的食物是相当丰富的。在第四层居住区内，发现有大量的炭化稻谷、谷壳、稻秆、稻叶的堆积，厚约0.2～0.3米，最厚的地方超过1米，有的地方还发现了米粒。遗址中还发现了大量的橡子、茭白、酸枣、桃子、薏米仁、菌类、藻类、葫芦等，还有猪、狗、水牛的骨骼化石。这一切都告诉我们，此时的河姆渡人食物已相当丰富而充裕，用食物匮乏而食人来解释显然是难以服人的。

显然，也不能用不重视婴幼儿，或婴幼儿死亡率高来解释。与河姆渡属于同期文化的半坡氏族文化，显示了氏族成员对小孩的充分重视。在半坡，成年人葬于氏族公墓中，一般挖一个长方形的墓坑，埋掉就算了。而婴幼儿就不同。他们一般实行"瓮棺葬”,即用陶瓮作葬具来埋葬。须知,当时陶器是人类用自己的智慧和双手开发出来的最珍贵的创造物,以陶瓮葬婴幼儿,表示了人们对婴幼儿死亡的重视。小孩死后,也不葬入氏族公共墓地,而是埋在居民区内的住房周围,让他们陪伴在成年人一起。在半坡氏族居址中,有一个5岁左右的小女孩的墓很特殊,其埋葬方法犹如成年人,但不同的是她有简单的木制棺材,还有各种各样的随葬品。郭沫若访问半坡遗址时,看到无葬具的成年人墓和瓮葬、棺葬的小孩墓时,特别感慨半坡人对年幼孩子的关怀和体贴,曾作诗一首抒怀:

半坡小儿冢,瓮棺盛尸骸。
瓮盖有圆孔,气可通内外。
墓集居址旁,仿佛尤在怀。
大人则无棺,纵横陈荒隈。
可知爱子心,万劫永不灰。

处于同期的半坡人有如此的“爱子心”,那么,河姆渡人是决不会去随意地虐杀孩子的。只要人类跨进文明门槛一步,他们就会懂得孩子是自己的明天这样一个既简单又实在的道理。

那么,“陶釜煮婴”的谜底该是怎样的呢?

人类学家试图从某些古籍及其他民族的习俗中求得索解。

《墨子·鲁问》载:

鲁阳文君语子墨子曰:“楚之南,有啖人之国者桥,其国之长子生,则解而食之,谓之宜弟。美则以遗其君,君喜则赏其父。岂不恶俗哉?”子墨子曰:“虽中国之俗,亦犹是也。杀其父而赏其子，何以异食其子而赏其父哉？苟不用仁义，何以非夷人食其子也？”

这段文字翻译成现代白话文是：鲁阳文君告诉墨子说：“在楚国南面，有个有吃人风俗的国家叫‘桥’，在这个国度里，长子一出生就被杀了吃掉，称为‘宜弟’，如果味道鲜美的话就送给国君吃，国君高兴了就奖赏给孩子的父亲吃。难道这不是极为恶劣的风俗吗？”听了这话，墨子回答道：“即使是中原各国的风俗，也是这样的啊！杀死孩子的父亲而后赏给孩子吃，这与吃人家的孩子而后奖赏孩子的父亲，有什么不同呢？假如自己不行仁义，凭什么去非难夷人吃自己孩子的恶劣风俗呢？”

这一段文字，简直可以当作文明发展史来谈，它至少为我们透出了这样一些信息：一，在人类社会发展到靠仁义道德支撑之前，吃人的恶俗是不足为奇的，也用不到人们去非难。二，在远古时代，不但边远地区的夷人那里存在着人吃人的现象，就是中国（中原各地）也存在着人吃人的现象。三，在“楚之南”一个叫“桥”的地方，这种人吃人的现象特别的严重，因此惹得鲁阳文君大惊小怪起来。

其实，我怀疑这个叫“桥”的地方就指的是远古时代的河姆渡或其他一些地方。河姆渡位于浙江余姚，是一个多水的江南水乡。多水必多桥，古人凭印象论事，统称之为“桥”也是不无道理的。只是《墨子》中的“楚之南”，看来是“楚之东”之误，不是笔误，便是方位上的错失。在墨子的回答中，不明明讲是“夷人食其子”吗？“夷”在东，又称为“桥”，不明明是讲河姆渡的食子之风吗？

这段文字很有史料的价值，它告诉我们，远古人有这样的一种迷信观念：以为长子往往是仇人、妖怪、恶魔转世投胎，不可留存于世间，如留存了会祸患无穷，因此必须“解而食之”。把长子分解成一块一块的放在釜里蒸煮，这样，仇人、妖怪、恶魔就不再会来，生下第二个孩子就平安无事了，即所谓“宜弟”。

如果我们面对河姆渡出土的一釜一罐中的婴儿骨架作一点想象的话，那情形完全可能是：几个原始人的成年人把自己的长子杀死煮熟后，将一具婴儿尸体放在釜内准备分而食之，而将另一具婴儿尸体盛入罐中，准备将此美味送给氏族首领食之，也就是《墨子》中所说的“美则以遗其君”，在原始社会，君即为首领。

当然一些人类学家也力图从一些较为原始的种族那里得到启示。位在印度尼西亚苏拉威西岛上的布晋人，他们有这样一种奇特的观念：以为吃了人的脑髓，尤其是吃了婴儿和孩童的脑髓和身体，可以得到更多的智慧，甚至可以从死者身上得到某种巫力，使自己收获好运气。河姆渡人是否也有这样一种精神需要，从而任愿牺牲自己的孩子呢？那就不得而知了。

从地下走向地面 人的居住条件进化之谜

人类每前进一步，居住条件也会发生变化。从人类早年的“巢居”，到后来的“穴居”，再发展到“半地穴居”，最后回归到“地面居”，这一圈整整走过了几百万个年头。这看来似乎是居住方位的变化，实际上是居住条件的进化。不到一定的条件，人怎么可能跃上地平线呢？

人是从猿进化来的，而猿是居住于树头的，可以设想，最初的类人猿或猿人也是居之于树头的。一些神话传说和古典文献，记下了人类婴儿期时“巢居”的依稀记忆。在《庄子·盗跖篇》中有这样的记述：“古者禽兽多而人民少，于是民皆巢居以避亡。昼拾橡栗，暮栖木上，故命之曰有巢氏之民。”这一记述大致是正确的，如果当初的初民不是巢居，恐怕是否能生存下来还是个问题呢！

后来，气候条件发生了大的变化，大批大批的森林被突然变冷的空气冻死了。一些顽固守旧的类人猿或猿人只能冻死在树头，而那些聪明而善于应变的类人猿或猿人开始迈步走下树头——虽然是被迫的，但那无疑是顺乎自然合乎情势之举。

就在地面居住下来吗？不行，“在禽兽多而人民少”的情势下，那无异于自杀。怎么办呢？聪明的初民躲进了足以避禽兽的洞穴。我们的远古祖先把原先居于洞穴中的比自己弱小的生物赶走，略加

仰韶文化半坡遗址1号大房址复原图

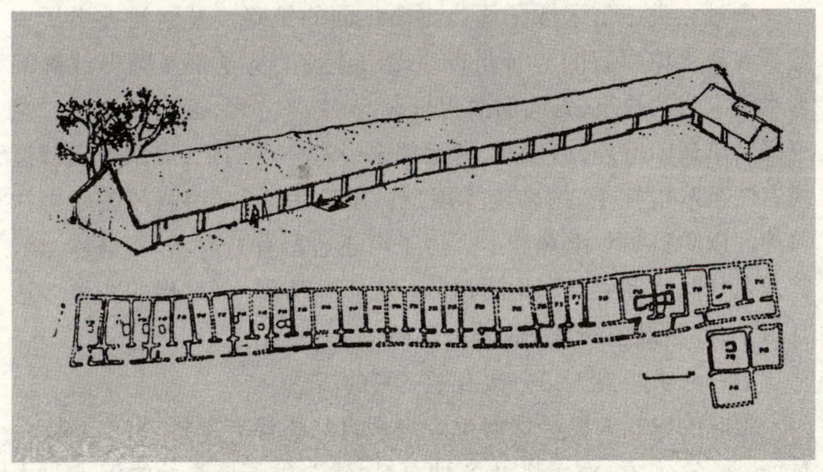

仰韶文化下王岗遗址的长屋遗迹平面与复原图

修饰，成了自己的天地。看，山顶洞人还把居室分成上洞和下洞呢，上洞接近洞口，较为宽敞，是他们食宿的地方。下洞比较阴暗，有人骨，还有一些装饰品，看来是墓葬的地方。在当时条件下，洞穴能居住，能墓葬，又能防止野兽的侵袭，对他们来说真可算是“洞天福地”了。

但是，洞穴决非人类的久居之地。洞穴中阴暗，视野不开阔，有碍于人类的发展。更为突出的问题在于，洞穴中太潮湿，对身体健康不利，尤其对年轻一代人。旧石器时代的人寿命都很短，与洞居也很有关系。据考古学家说，不少洞居的原始人还患有严重的关节炎呢！

只要条件成熟，远古的祖先还是想走出洞穴的。

到了新石器时代，远古的人类迈出了走出洞穴的决定性一步。从利用天然的洞穴，到建造属于自己的居室，这是一个极大的进步，也是人类居住史上的一大发明和创造，是值得永志史册的。

不过人类还是采取了逐步走向地面的策略。最早的人类居室是半穴居半地面室的。河北省的磁山遗址的房子都是圆形或椭圆形半地穴式的建筑，每间的面积只有 6～7 平方米，近门口处有二至三级台阶通向室外，居住面、内壁都未经进一步加工，房屋的穴壁边缘有四至八根柱子，用来支撑屋顶。屋顶用芦苇、荆芭苫盖后再抹草拌泥以防日晒和雨淋。不少房子内还遗留有石磨盘、石磨棒、斧、铲及盂、钵、罐等生产和生活用具。在那些房屋中，发现的灰坑多达几百个，数量最多的是平面作长方形的。

这在人类历史上第一次有了“房”的概念。

那时的原始人已经懂得综合利用自然资源。木材、树皮、粟秸、草筋、藤条、绳索、泥土以及各种石料，建造成了最原始的泥、石、木结构的住房。

那时的原始人已经建房有序。在建造房屋时，先平整地面，然后挖掘房基，因为是半穴居式的，房基挖得较深，使之形成房墙下部。接着挖出火塘。火塘放在室内中央偏近门的地方，用于炊事、取暖及防野兽的侵袭。火塘作瓢形，或为圆形。挖好火塘后，就栽插支撑房顶的主柱和小柱，同时，用藤条或绳索将大柱小柱捆结在一起，再架梁盖顶，最后一道工序就是在地面、墙骨及屋顶涂抹草泥。这样，一间间像模像样的房舍就被人们用自己的手创造了出来。

值得注意的是，在不少房舍中还有土床。所谓土床，是指在室内地面涂铺草泥较厚的那块地方。土床位于火塘左侧或右侧，约高于室内其余地面10厘米左右。大、中、小型房屋的土床面积有大有小，可供二人、三人或多人睡，有的大型房舍中还设有两个土床。土床的出现也是人类生活史上的一件大事。

有人看来这是个谜，为什么人类不是直接从洞穴走向地面，而硬要经历一个半穴居的过渡期？

有人解释道，在北方比较干旱，地下水位低，因此有条件建造半穴居式的房屋。其实，这只是说明了一种可能性，没有指明其内在的必然性。从必然性角度讲，还是应该说由当时的生产力水平决定的。在当时条件下，原始先民的建房水平还很有限，如果要建造地面建筑，可能支撑力和建造的构架水平都还不够，倒是建造半穴居的住房，可以利用地下一半的支撑力，那样房屋就牢固多了。还有一个重要原因是当时人们防御猛兽侵袭的能力还不太强，地面建筑目标太大，半地穴建筑目标至少小了一倍，在遇到危险时，还可以凭半地穴部分的有利地形，向猛兽进行反击。可以说，半地穴建筑在当时具有一定的必然性。

还得说明一句的是，原始先民之所以敢于从洞穴迈向半穴居建筑，很大程度上凭的是规模效应。在洞居时代，一个洞中最多居住上十人，二十人，以至于几十人。而北方的半穴居建筑则是一个个建筑群，先是建筑群规模小些，后来越来越大，可居住二三百人。这样大的规模，向自然界种种有碍人安全的因素作斗争的能力也就大大增强了。

但是，人类总是要走向地面的。地面才是人类生存和发展的真正舞台。

在这点上，我国南方的先民走在了北方先民的头里，首先勇敢地升起在世界东方的地平线上。

浙江余姚河姆渡第四层的年代，大约相当于公元前五六千年。河姆渡的居民当时都居住在木结构的地面建筑里。在第四层中，发现了十余排由木桩、圆木、木板组成的建筑群。根据桩木的分布及走向，初步推断，在300平方米的范围内，至少有三栋大体平行的建筑。其中保存较好的一栋建筑，有平行的四排桩木，长度在23米以上，宽约7米。从桩木的分布看，这是一栋长20余米，进深7米，并附带一个宽约1.3米的前廊的长屋。

河姆渡先民的建筑是一种高干栏式的长屋，上面住人，下面堆放杂物。它的建筑方法是以桩木为基础，其上架设横梁，构成架空的建筑基座，再在上面铺设楼板，在楼板上立柱、作墙，盖顶。木构件之间采用垂直相交的榫头及绑扎等方法连接。河姆渡的这种木建筑，有良好的通风设备，且牢固，是当时理想的居址。

河姆渡先民的地面建筑，比起磁山的半地穴式建筑来，前进了一大步。二者在年代上，比较相近，但居住条件却相差一个档次。河姆渡的居址从建筑风格上讲，已经接近于文明社会的水平了。

有人以为，磁山半地穴居和河姆渡地面建筑，是与当地不同的地理条件有关的。磁山地区干旱少雨，地下水深，因此可以建造半地穴建筑,而河姆渡地下水位高,不能建造半地穴居住房。这种说法是只知其一不知其二。如果不是生产力水平的提高,不是建筑技术水平的提高,怎么可能有地面建筑呢?

河姆渡地面建筑的出现是建筑在先民的生产力水平和建筑技术提高基础上的。河姆渡的农业水平明显高于北方的磁山。生产工具石、木、骨器也比磁山地区水平高。木器工具式样新颖,加工精巧,在同时代遗址中别具一格。在建筑上他们不但注意了民居建筑的式样的美观,还充分考虑了这种建筑的牢固度,榫卯的发明使房屋的连接性能和整体性大大提高,在以后的一二千年间,基本采取的是这种榫卯连接构架。他们建造的地面居房能经受得住风吹雨打,甚至经受得住野兽的侵袭,靠的就是以榫卯连接的牢固度。

人类总是要走向地面的。在半坡遗址的后期,虽然地处北方,居室不也走向了地面吗?

鱼鸟同绘

部族相战相融之谜

在仰韶文化彩陶当中，有不少将鱼纹与鸟纹同绘于一件器物上的鱼鸟彩陶图。这些图像，不仅具有古朴素雅的艺术风格，而且还蕴藏着仰韶文化内部不同支系之间社会集团的相互关系，因而格外地引人注目。“鱼”图像和“鸟”图像，各自的象征意义何在呢？为何先是鱼鸟相战，后又鱼鸟相融呢？由此引发人们的种种猜想。

鱼鸟同绘于一幅彩陶物品中，它们相斗、相战、相厮杀、相吞食、其场面是相当惨烈的。

场面之一：一只形体并不硕大，但体态十分健壮的水鸟，突然发力，扑向一条大鱼，趁大鱼还没省悟过来，就对大鱼进行无情的啄食。鱼也似乎不甘示弱，它怒目圆睁，鱼翅横起，挺起腰身，奋力抵抗。但由于用力过猛，转身过急，使得脊椎关节都突出了起来。水鸟十分得意，鼓张起翅膀，对大鱼又是一阵狂啄。看来，在这一场鱼鸟的生死搏斗中，鸟胜鱼败，或称之为鸟生鱼死，是必然的发展趋势了。——此一场景，见之于陕西宝鸡北首岭遗址一只细颈瓶上腹部的彩绘中。

场面之二:这是一个近于荒诞而不见于现实生活的场景。画面上一条大鱼威武雄健,张开血盆大口,将一只小鸟吞入口中。小鸟吓得目瞪口呆,作俯首就擒之状,而大鱼不依不饶。一口口将小鸟吞入嘴中。看来,鱼胜鸟败已成必然之势。——此一场景,见之于陕西武功游凤遗址的另一只细颈瓶的腹部。

这是怎么回事呢?场面之一和场面之二都讲的是鱼和鸟之间的争斗,可是立足点并不相同。场面一是站在“鸟”的立场上描述场景的,在争斗中,强调的是鸟的必胜。而场面二是站在“鱼”的立场上描述场景的,宣染的是“鱼”必能吞食“鸟”。

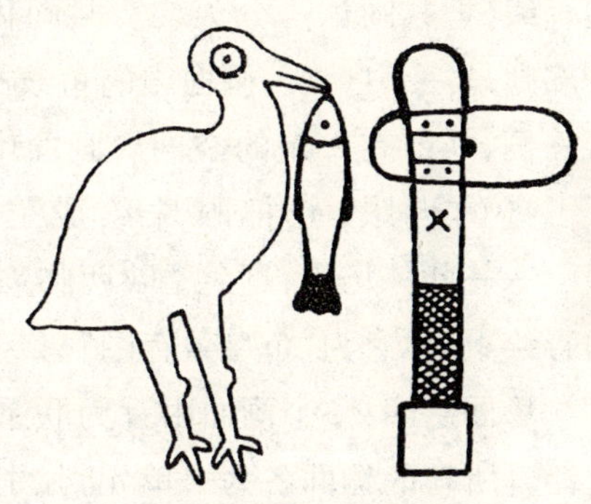

鹳鱼石斧图(摹本)

如果只是自然界的鱼鸟之争,那事情就太简单了,而且当时并无多少闲暇的原始先民也大可不必去大事渲染。看来,在鱼鸟之争的背后还有一些更深层的东西。

考古学家和历史学家经过深入的研究,发觉这些画面表面上是写鱼鸟之争,实际上是写人与人之间的矛盾和斗争。所谓鸟和鱼,实际上是以鸟为图腾的集团和以鱼为图腾的集团。北京大学考古文博院的赵春青先生在《从鱼鸟相战到鱼鸟相融》一文中指出:“在史家类型早期,渭河流域仰韶文化当中的‘鸟’集团与豫西地区仰韶中的‘鱼’集团东西对峙,双方相互交战,但一时难分高下。为了鼓舞士气,双方的画师都把自我形象渲染得勇猛强大,而把对手描绘得渺小可怜。”

如果是这样，那我们完全可以把上述两幅鱼鸟相争图当作战争的宣传画来读。为了在战争中能克敌制胜，宣传画是要竭尽全力抬高自己压低敌手的。

可是，除了在彩陶图中我们发现鱼鸟相战画面外，也看到了鱼鸟相融的画面。

场面之三：在一个大的似圆非圆的共同体中，中间画上一条竖的直线，把共同体一分为二。共同体的左半部是一对合体鱼纹，右半部则是一个鸟头。画面中的鱼纹柔和而温顺，鱼纹的鱼头部分对着外侧，并留有一定的空间。画面中的鸟头十分形象，绘者突出描绘了鸟的大眼，并把眼珠绘成三角形，使鸟显得既犀利又清醒。——此一场景，见之于陕西临潼姜寨二期出土的葫芦瓶的腹颈的彩绘上，称之为“鱼鸟共存图”。

场面之四：整个画面由互为联系的四个单元部分组成。其中两个器耳所在的侧面各为一单元，分别是一组对称的写实鱼纹和抽象鱼纹；左右器耳之间的正反两面，构成另外两个单元，每一单元均由上下两部分图案组成。单元图案下边是鸟纹，上边可称之为“人面鸟纹”。这样由鱼、鸟和人面鸟组成的四个单元，和谐统一于同一画面之中，特别是画面当中占据显著地位的人面鸟纹图，既保持了半坡型常见的人面鱼纹的某些传统风格，又有创新之处，最突出的是将半坡类型常见的人面鱼纹中的下部鱼纹改换成鸟纹，极为生动地展示出鱼与鸟你中有我、我中有你、互相融合、密不可分的亲密关系。——此场景，见之于陕西临潼姜寨二期遗址出土的一些葫芦瓶上，这里的主题是十分明确的：鱼鸟合体。

十分明显，这里的所谓鱼鸟共存和鱼鸟合体，仍然不仅是指自然的，主要是指“鸟”集团与“鱼”集团之间的关系。

据专家考证，这两幅画比之前两幅画来，创作年代要稍后，反映了原始初民思想、境界上的巨大飞跃。他们不只想到部族与部族之间的相争相斗，还想到部族与部族之间的相合相融。

“鱼鸟共存”是一种生存境界。鱼鸟两集团共存于一个共同体之中，而居中又有一竖的中线，把鸟集团与鱼集团的疆界分割得清清楚楚。有趣的是：鱼头和鸟头都指向各自的外侧，而不指向中线一侧，这本身表明了对分割中线的尊重。这里说的共存，是以井水不犯河水为前提条件的。

“鱼鸟合体”则应是一种更高的境界。鱼集团与鸟集团在经过一段时间争斗后，体味到共同利害关系之所在，于是就趋向于“合体”了。当然也不排斥另一种可能性，在争斗中，鱼集团可能“吃”掉了鸟集团，或鸟集团“吃”掉了鱼集团，实现了最终的“合体”。

人类总是在不同程度上和不同范围里实施着相争与相融的过程，原始初民向我们展示的当是第一步。

华夏文明之根

嵩山古文化之谜

嵩山，位于河南省登封县北首。“五岳祭秩皆三公，四方环镇嵩当中。”正因为它在中华文明中处于“当中”的地位，嵩山又被称为“中岳”。嵩山地区以其得天独厚的地理优势，使之成为四方辐辏的文明轴心。尤其在新石器时代，原本扎根海岱的大汶口文化，以长江中游为根据地的屈家岭文化，进军中原，积极参与中原逐鹿，这样，嵩山地区成了海岱地区、江汉平原和中原腹地三个人群集团的聚汇与融合地，这对于华夏民族、华夏文明的形成和发展，起到了强劲的激化和推进作用。中国历史上第一个王朝诞生于嵩山地区，绝非偶然。

中国的远古文明是多姿和多彩的。有学者把龙山时代中华文明形成时期的历史状况形象地比喻为“满天星斗”。然而，这“满天星斗”最后奇迹般地汇集到了中岳嵩山周围的所谓“中国”之地。

是什么力量使人们走向嵩山呢？关键在于：这里有着优越适中的地理位置，四通八达的交通，土肥水美的生态环境，四方辐辏的文明轴心。而数千年文化的一脉相承，延绵不绝，则是其无与伦比的历史底蕴。

从考古资料看，嵩山地区早在旧石器时代就是人类活动的理想地区。洛阳凯旋路旧石器文化遗址，三门峡旧石器文化遗址，说明早在数十万年前就有嵩山人在这里生存、劳作、繁衍。

新石器时代早期，与嵩山地区有着极为丰富的考古发掘。那时的嵩山人已经生活在精心构筑的村落里，过着以农业为经济主体的定居生活，并饲养家畜，进行渔猎。使用非常精致（相对而言）的石磨盘、磨棒加工粮食，能够制造多种多样的陶器、石器、骨器。墓葬中随葬刻符龟甲和骨笛，表明当时的嵩山人已经有较高精神生活水平。

新石器时代中期，嵩山地区人类聚落更加密集，经济文化更加发达。人们开始用厚而高的夯土墙护卫自己的聚落，居住在地面起建的多间一体的房屋中，使用着绚丽多彩的陶器，陶器上用黑、红、棕等染料描绘着太阳纹、月亮纹、花卉纹、几何纹。石器多经过精细的磨制，种植粟、稻等农作物。

新石器时代晚期，嵩山地区社会发展又有了新的成就。在考古发掘中发现了铜块、残铜器、熔铜坩埚，表明人们初步掌握了冶铜技术，开始迈向金属时代。那时已发明了水井，城堡增多，在登封王城登发现了东西并列的两个夯土城墙，面积约为1万平方米，城内有用人作牺牲的夯土建筑。新密古城寨城址，夯土城墙尚保留在现今的地面之上，城址面积将近1.8万平方米。平粮台古城约3.4万平方米，城门旁有用土坯砌筑的门房，城门路土下埋有排水陶管，城内有建筑在夯土台基上的土坯排房，城内还发现了铜渣块。在新砦文化遗址，发现了颇具“王气”的陶礼器，有了青铜礼器和工具。

嵩山地区连绵不继的古文化长链，把一个地区古代人类社会从蒙昧时代到青铜时代的发展轨迹，勾勒得脉络清楚、历历在目。这对其他地区来说，无疑是一种巨大而持续的向心力，使各地的“无数英雄竞折腰”。

大汶口文化据泰山，临大海，兼大陆与海洋文化之优势，纵横驰骋，北越渤海登陆辽东半岛，南走黄海直下江南杭州湾。到了新石器时代中晚期，它就积极参与中原逐鹿，大举西进，实现了临海文化与内陆文化的大交融，为中原大地带来了新的发展活力。

就在大汶口文化大举西进之时，以长江中游为根据地的屈家岭文化也积极参与中原逐鹿，向着原本属于仰韶文化的南阳盆地一带推进。据有南阳后，继续北上，其影响直达嵩山南北。屈家岭文化据长江腹地，扼南北通衢，是当时稻作文化的主要代表。它越过淮水上游，直指黄河中游，把黄河与长江两大文化体系进行了沟通，有力地推动了中原文化的进步。

中国社会科学院考古研究所的杜金鹏先生在《华夏文明之根》一文中说：“三种不同地区、不同特色的文化在嵩山地区的聚汇与融合，亦即来自海岱地区、江汉平原、中原腹地三个人群集团的聚汇与融合，对于华夏民族、华夏文明的形成和发展，起到了强劲的激化和推动作用。”

这当然是就主体而言的，其实，嵩山地区还吸收和融入了若干周边地区的其他文化因素，如江浙地区的良渚文化，西北地区的龙山时代文化，东南地区的马桥文化，还有一些来自豫北、冀南地区的文化因子。

可以这样说，在中华大地上，没有一个地方像嵩山地区那样，在新石器时代后期至青铜时代早期那样，能广泛而大量地吸纳来自各地的文化精华。这既要有深厚的文化底蕴，同时，作为世居嵩山的先民来说，又必须有一种广为吸纳的宽广胸怀。四面八方的文化潮流，蜂拥而至，是抵拒还是吸纳，这本身反映了一方居民的气度和胸襟。嵩山先民以其特别开阔的胸襟和特别浩大的气度，吸纳了四方文化，并将这些文化投入到嵩山这一文明炼炉之中，经过汇聚、碰撞、交融、升华，逐步形成了华夏文明。

在这点上，我们应该无穷尽地感谢嵩山地区的先民们。

心向故土

墓葬朝向之谜

在旧石器时代，人们处于漂泊无定的生活状态中，死后的墓葬也比较随意。可是，到了新石器时代，出现了长期定居的村落，这时墓葬的一大特点就是十分注重死者的朝向性。在一些部落的公共墓地中，同一墓地的葬者的头向具有空前的一致性，或都向南方，或都向北方，或都向东方，或都向东北方，或都向西北部。这是为什么——是信仰？还是习俗？还是灵魂观念？……

人死以后，丧葬于地下，中国的传统观念称之为“入土为安”。可这“入土”二字，在蒙昧时期，也许不太重视，一到即将步入文明期的新石器时代，就讲究起来。不但墓的方位，墓的排列有讲究，就是尸体的朝向也有许多规矩。事实上，这中间反映着远古先民的种种观念形态的东西。

墓葬的朝向在各种文化之间，有着明显的差异性，而在某种文化内部又有着惊人的一致性。

黄河南岸的河南中部地区，是以裴李岗遗址为代表的一类遗存的分布区，遗址面积约两万平方米，墓葬区在遗址的西部。从几个裴李岗墓葬的发掘看，头向都偏向南方。白寿彝先生在《中国通史》中认为，“这种一致性，应是一群体内部人们信仰，习俗具有共同性的直接反映，从中可以看出这一阶段群体内部的联系是相当紧密的。”

半坡型文化包括的面相当广，如元君庙、横阵、史家、姜寨等。这些地方的墓葬都按一定的形式或秩序编排，组成墓地。除少数例外，绝大多数成年人均被葬于简单的土坑竖穴墓内。除王家阴洼墓地有例外，其他各地尸体均为头向西或西偏北。

后冈一期文化广布于太行地带以东的整个黄河下游地区，同半坡文化并存的另一谱系的考古学文化。后冈一期文化的墓葬基本上是南北向的长方形土坑竖穴墓，头均向南。

在黄河下游，继后冈一期文化之后，便是大汶口文化的刘林期。刘林期居民死后，均葬于公共墓地，墓地又分成若干墓区。死者在墓穴中摆放的姿势，基本上是头向东，仰身直肢。

大溪文化以四川省巫山县大溪遗址命名的，是新石器中期文化。大溪文化居民死后，除少数地区例外，其他各地成人和小孩均共葬于公共墓地。人架绝大多数头南足北，除部分直肢葬外，绝大部分屈肢葬。

因浙江嘉兴马家浜发掘而闻名的文化，名之为马家浜文化。死者下肢基本为直肢形式，其头向绝大多数向北，吴县草鞋山 94 座墓葬中的死者，86 座墓葬头向向北，占 91.5%，剩下的 8 座墓葬，或向西，或向东，也有向南的，原因实在搞不明白。

从不同文化类型有不同的头向安置看，这本身代表了他们各别的文化。在远古以至上古时代，死后的头向不是个人可以随意选择的，也不是可以随意改变的，它取决于一种历久而成的传统或传统观念。

这种传统或传统观念意味着什么？知原先生在《人之初》中以为："墓葬方向的选定，可能出自多方面的原因，最重要的则只有一种。根据民族学资料研究的结果，我们知道墓向表现了一种强烈的灵魂信仰观念。墓葬的方向在史前人类的心目中起着一种引导灵魂回归的作用。心向故土，回归故土，这千古难易的传统观念就是这样的悠久。"

这是有道理的。在远古人群体心目中，有一个被人们共同认同的祖籍故土。这个祖籍故土实际上就是传说中的氏族和部落的发祥地。远古的人们相信，活着时居住的地方是暂时的，氏族和部落的发祥地才是真正的灵魂归宿地。裴李岗人头向偏南，是因为他们相信自己的祖先发祥于南方。大汶口人死后头向东，是因为他们相信自己的祖先发祥于东方。大汶口人据泰山，临大海，纵横驰骋，以东方为归宿表现了这一种族的活力。

这一点被文明初期的墓葬现象所证明了。

中原地区的夏商周时代，墓葬制度有头向北方的规定，《礼记》上说，"葬于北方北首者，三代之达礼也。"中原地区发现的商代和东周时代的墓葬，90％～95％的死者都是头向北方的，与文献记载同。

而南方的楚国人，墓葬中死者的头一般向南，因为他们认为自己的祖居地在南方。

西方的秦国人一般墓葬的头向向西，因为他们认为自己的祖居地在西方，人们似乎对秦始皇墓葬为何要头西脚东不可理解，其实从祖居观念解释还是可以的。秦始皇虽然不可一世，但在魂归故地这一观念上还是不能超脱于传统。

那么，在各地墓葬头向的大致一致性之外，为什么总有若干例外呢？比如浙江马家浜文化的 94 座墓葬中，不是只有 91.5％是头向向北的，还有 8.5％的头向是向西、向东、向南的吗？其他地方，也似乎都有这种特殊性。有专家对此解释道，这可能是对凶死者或不幸遭遇者，以及特殊身份者的一种特殊处理方法。在远古先民看来，只有这样作特殊处理，这些人的冤魂才不会阻碍多数死者魂灵的归途。当然，这只是一种猜测，究竟怎样一时还难以定夺，有待于更多地下发掘加以证明。

人工垒起的熟土堆

坟山文化之谜

"坟"是一种文化现象。在相当长的历史时期里，并无"坟"这种墓葬制度。只是到了新石器时代的晚期，以至于末期，人类即将跨入文明社会时，才有了"坟"的建造。福泉山大坟、反山大坟、汇观山大坟的出现，使维持了几十万年的墓葬制度有了巨大的突破，这种突破意味着什么呢？它将会带来什么后果呢？这是值得人们思索的。

辞书上对"坟"的解释是："墓之封土隆起者。"在墓上封上厚厚的熟土，使之如山丘般隆起，这就是坟。

坟，对现今的当代人来说，是个老概念，时过境迁，现在还有谁去封土为坟？坟，对原始先民来说，却是个新概念，在上百万年漫长的时日里，从来没有封土为坟这样一种丧葬形式。

《礼记·檀弓》说："古者墓而不坟。"很明确，在《礼记》作者看来，在古时代是只有墓没有坟的。人死了，挖一个大大的坑，埋在地里，最多加上一些随葬品，这叫墓。可是，这"古者"指什么时候？似乎谁都说不明白。《礼记》的权威注者郑玄认为，“古，谓殷时也。”在他看来，直到殷商时，还是“墓而不坟”的。其实，那是想当然的，在更古一点的时候，甚至在原始社会的末期，我们的先民就已经“墓而坟”了。坟发明在原始社会末期。

这，已为考古资料充分地证明了。

福泉山，坐落在上海西部青浦县的重固镇旁，这里有一个草木稀疏的大土墩，不惹人注意。后来，在这里发现了良渚文化墓葬10座。除3座属良渚文化早期，属于平地堆埋外，另外7座墓葬规模都比较大，一般墓长4米左右，宽1.4～2米，头向朝南，出土有大量玉器、石器、陶器，以及象牙雕刻品，其中尤以位于骨架胸部的玉琮为珍贵。仔细辨认，原来整座福泉山实际上是4000余年前良渚文化时期为建造墓地而用人工堆筑起来的一座土山，是真正意义上的坟山。

反山，位于杭州市余杭县杭宁公路北侧，是一座高约5米，东西长90米、南北宽30米的人工堆筑的熟土堆，即坟山。在墓地，共挖掘出良渚文化墓葬11座，墓葬排列整齐有序，墓穴均比较宽大，有不少随葬品，少则数十件，多则数百件，整个墓葬地出土随葬品1200余件，其中还发现了重达6.5千克的玉琮王。

怎样理解坟山文化的出现呢？

墓葬的从埋入地下，到“封土为坟”，是一个革命性的变化。在原先，氏族内部也有分工，也有首领与一般氏族成员之分，但死后都一律平等地埋入地下。可到新石器时代晚期，至少有一部分人不愿再这样做了，他们打破了历来的常规，开始“封土为坟”，让自已死后能高高在上、出人头地。这表明，当时已经出现了特权阶层。坟是一种死后的特殊享受，这种特殊享受反映着死者生前的特殊地位。

特殊享受和特殊地位，反映在坟文化的每一个内涵里面。

坟的建筑要花费巨大的财力、物力、人力，它本身反映了特权的客观存在。每座坟的建造都是巨大的花费。就反山墓地熟土堆的建造来说，其土方至少在 2 万立方以上，根据当时的运土工具和运土条件估计，没有 4 万个劳动日是不能完成的。如果以 250 人参加劳作计，也要建造上近半年的时间。就是说，把整个部落的有效劳力都动员起来，什么其他事都不干，也要花上那么长时间。如果不是特权者，根本不可能动员如此多的劳力，就是有劳力，这些人自己的衣食何来？可见，筑坟工程本身是一种部落内社会性的义务，参与筑坟的人同参与狩猎、农作的人各司其职，互通有无，其中还必有社会生活中的调节者。

特权也体现在墓葬本身的隆重上。从反山大墓看，其中的墓穴一般比较宽大，有棺木，棺木外有朱红涂层，棺外还有椁，这在以往也是少见的。

丰厚的随葬品也证明着特权的存在。福泉山墓葬的死者身边，发现大量玉璧、玉琮，这些都是重要礼器，足以反映死者的权势。墓葬中的玉杖首，则直接象征着墓主的权威和威严，大墓中的人殉或用人作祭品现象的存在，再好不过地说明人与人之间的不平等已昭然若揭了。

韦羌山蝌蚪文

“天书”之谜

位于浙江仙居县西南的韦羌山脉，层峰迭嶂。在群峰之中，有一道海拔900多米的绝壁——蝌蚪崖。根据民间传说和史书记载，在这悬崖上有一片五十多平方米的“蝌蚪文”。可是，说是这样说，谁都没有见过真迹。东晋义熙年间，一名周姓廷尉曾组织民工“造飞梯以蜡摹之，然莫识其义。”在此后的1500年间，蝌蚪文的拓本(也可能根本没有拓本)从未刊布传世，而诸多探险者也终因崖高路险、云封雾锁而败兴而归。于是，韦羌山上的“天书”，成了人们心头的千古之谜。

上个世纪末，一批有志于考古事业的年轻人，在当地居民的导引下，向韦羌山蝌蚪文悬崖攀登，经过千辛万苦，终于到得了目的地，一窥了蝌蚪文的庐山真面目。

原来在如削的悬崖峭壁上，确有镌刻蝌蚪文的去处。镌刻蝌蚪文的面积，远远大于悬志记载。崖面石质坚硬，布满了一个个凸出的半球，半球凸出崖壁平面约5厘米，直径为7～12厘米。在每一个半球的边缘，均有一条约2

厘米的圆形小沟。半球与半球之间相隔大约为15厘米,纵横排列有序。在崖面上,有许多日、月、人、虫及海洋生物的图案,看来那就是所谓的“蝌蚪文”了。

面对蝌蚪文,人们心头之谜都一时难以解开。首先是这些蝌蚪文究竟出于谁之手?

有人认为,在夏帝大禹之时,这里还是一片汪洋。大禹治水经过这里,治平了河水,为了纪念这一盛事,就刻石于此,蝌科文就是大禹手迹。那当然只是一种传说而已。不要说韦羌山蝌蚪文难查出处,就是大禹陵前的蝌蚪文碑也难说究竟。

有当地村民说,相传远古时代这里是一片汪洋大海,有一个商人带了许多金银财帛经过韦羌,不幸触礁沉船。商人就把金银藏在附近的山洞中,又在崖上刻字记载,这样,蝌蚪文就被解释成一种寻宝的谜文。

还有一位山农悄悄爬上崖面,静静观察蝌蚪崖石刻。他发现画面上有日、月、星辰图案,还有一些像是戴着面具的太空人。因此,推想天外来客——外星人,可能就是韦羌山蝌蚪文的作者。

也有人以为,从男女裸身而舞和生殖崇拜的“天书”画面看,这是原始社会的作品。后来,又在蝌蚪崖不远处的郑桥乡下汤村,考古发掘出石斧、石凿、石刀、鼎脚等原始社会晚期文物,这足以证明,这些“天书”就是新石器时代晚期先民的作品。

从探险者寻下的图像看,图像共分上下两排:

上一排:自左至右,犬足二,男女各一,群蛇,犬首一,女生殖器一。

下一排:自左至右,月亮一,星辰一,飞鸟一,女生殖器一,人首一,犬首二。

一些专家据此图像作了自己的译读。

有专家以为，图像上排男女皆椎髻跣足，裸身，双双作舞蹈状。据史料记载，古代畲民均有椎髻跣足之俗。《景宁县志》曰:“厥妇女跣足椎髻，断竹为冠;裹以布，布斑斑;饰以珠，珠累累。”《福安县志》载:“深山有异种者曰畲民，性多淳朴，短衣跣足，妇人高髻蒙布，加饰如缨络状。”《广东通志》云:“畲户居山中，男女皆椎髻跣足而行，其族畏疾病，易迁徙。”这样看来，蝌蚪文的作者该是韦羌山一带的远古土著先民，他们可能是畲民的远古祖先。

韦羌山石刻图像中尤可注意者是犬首与犬足的叠相出现。图像上排有犬足与犬首，图像下排有一犬抿口，圆睁双目，虎视眈眈，犬耳耷拉。一犬则作张口作吠状，唯其耳已漫漶。二犬首下，又刻山峦图形，表示犬在山上，形象地说明了狩猎民族的特征。

有专家说，这会使人想到畲族远古以来的盘瓠图腾崇拜。远古高辛帝遇犬戎入侵，征伐不克，榜示天下，谁能斩犬戎番王头者，妻以三公主。时神犬盘瓠，揭下榜文，咬死番王，娶三公主，生三男一女，这就是畲族盘、兰、雷、钟四姓。韦羌山“天书”中多犬首、犬足，正是对其祖先的怀恋之情的表示，也是畲家图腾崇拜的复写。

这种种译读，是否足信，现在当然还不能下断语，只有努力开掘，才会有更接近于事实本相的结论闻世。

简朴的刻画

陶符之谜

陶符见之于大汶口文化晚期，也见屈家岭文化晚期和良渚文化早期。一般都刻于大口陶尊上，少数刻在玉器上。陶符刻的部位都在陶尊上腹部近口处，非常醒目，个别也刻在近底部的。大多数一器一符，个别也有刻有两符的。

怎样看待这些陶符呢？历来众说纷纭，莫衷一是。有人认为这是原始文字，是一种处于原始阶段的象形文字；有人认为这最多只能看成是文字的起源和萌芽，称其为“图画文字”为妥；有人认为刻有陶符的是一些祭器，陶符实际上是祭祀符号；也有人认为陶符无非是借男女生殖器的外形特征以表男女交欢的意符。究竟怎样呢？恐怕一时还无人可作出定论。

陶符是简朴的，也是丰富的。如果将大汶口文化的各种符号加以归类的话，大致有那么几类：

第一类：基本图形为一圆圈，下面再加一附加图样，有的附加一新月形，有的加一变形的新月形（新月凹边部分中间凸起），有的下加两个飘带左右飘起。

第二类:为一斜置的四凹边的长方形。陶符的刻画位置相当特别,一般陶符都刻画在陶尊上腹近口部,它刻画在大口陶尊近底部。

第三类:为一钺的全形,钺为长方形、穿孔,有一柄,全长为钺长的两倍半稍多,全形近似于甲骨文和金文中的"钺"字。

第四类:为一锛的全形,锛的刃部为偏锋,柄端套一圆形,似为骨筒。

第五类:为短柄臿形,臿上的圆圈似被铲起的土块。

第六类:全形似双层筒形帽,帽顶垂挂两串珠饰。还有羽饰的。

第七类:像一房子顶上栽一棵树。房子有尖顶,树象形。

因为这些陶符的符号笔触十分的简单,因此,留给人们想象的余地就特别的广阔。不同的研究者可以根据自己的经验、体会加以发挥。对陶符的解说,大致有以下看法和观点。

其一,图画文字说。

白著《中国通史》甚至不使用陶符这种称谓,直接称之为"图画文字"。白著指出,这些刻画的图形虽然有一些与实物十分相像,但已不是一般的图画,否则就不会专门选某种器物,在专门的部位,用同一种刻画方法来做。而且,大汶口有些图形已有相当程度的抽象化,笔道简练,所象事物难以确定,其结构又有一定的规律,成为一种互有联系的图形体系。所以,它是可以记事和传递信息的符号是没有问题的。

白著《中国通史》指出,任何文字的起源都应有一个过程,汉字的基本特征之一是一字一音,但商周时期的甲骨文和金文中有不少合体字就不是一字一音。再早一些,纳西族的东巴文是一字数音。大汶口文化的图画文字在造字方法上同东巴文更为接近,因此它应该是接近早期文字而尚非正式文字的一种图画文字。

其二,图腾说。

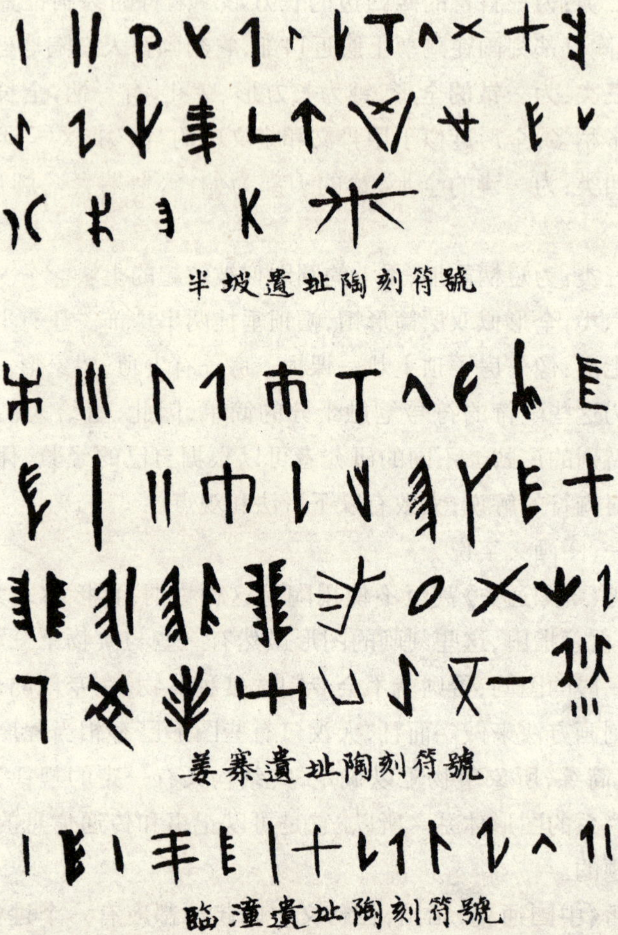

半坡遺址陶刻符號

姜寨遺址陶刻符號

臨潼遺址陶刻符號

陶文符号

一些学者认为，所谓陶符，实际上是一种图腾标志，也即是族徽。不少陶符都以太阳为主要描述对象，上部是一个圆圈，表示太阳，中间是近似于月牙形的火焰纹，表示太阳充满着热力和光明，底

大汶口出土的陶文刻画

下还有五峰山形图像，说明太阳运行于天空。有的陶符底下没有五峰山形图像，那是一种省略，古代刻画图像不易，省略是常有的事。这些图像反映了大汶口人的文化崇拜，太阳图像(或太阳神)是祭祀用的徽像。

其三，日晕说。

这多少与上面第二种说法有联系。提出日晕说的是日本学者林巳奈夫。他认为，这些陶符刻画实际上是模仿了不同时间阶段日晕的变化形态，即出现于太阳下面的种种类型的晕圆。至于为什么要研究并刻画日晕，这样刻画对先民的意义何在，作者没有说。

其四，生殖崇拜说。

有一些学者认为，陶符上某些图像，颇似人的男女生殖器。这些陶符是借男女生殖器的特征以表男女交欢的意符，因而即是生殖崇拜的标志。

在生产力低下的环境中，人类发展面临着两大问题：一是物质生产的发展，即解决吃、穿、住、用的问题，二是人类自身的繁衍。前者产生自然崇拜，后者产生生殖崇拜，生殖崇拜的最直接最集中体现，即是生殖器崇拜了。陕西铜川李家沟、甘肃甘谷灰地儿马家窑、湖北京山屈家岭、河南信阳三里店都出土过陶祖。青海柳湾出土过一件人体彩陶壶，从外表特征看是一个男子形象，而下身生殖器似男非男，似女非女，这种一人两性别的形象，把生殖崇拜推向了极致。

南京大学历史系考古专业的郭雁冰先生在《大汶口文化陶符新解》中以为，大汶口文化的陶符，是运用一种超现实主义的手法再现人们内心的潜意识。他们有时用变形了的男女生殖器表示对生殖的崇拜，有时又以太阳喻女，以月亮喻男，以日月交辉喻性交，以表达生殖崇拜。

对大汶口陶符的解读虽然答案有种种，但文字说显然占了上风，不少人以为，中国文字正是在陶符基础上逐步发展起来的。

“圆”的世界

史前“发明”物器的形状之谜

任何的发明创造都离不开数和形。世界是由数和形组合而成的。在探究远古时代先民的发明创造时，创造的物器的形状引起了人们普遍的关注。为什么先民的制作都是呈圆形的呢？对“圆”的情有独钟又说明了什么呢？

从现有的考古发现看，史前时期的几乎所有的创造，从外部形态看，都莫不与圆形紧密地结合在一起。在丁村和许家窑出土过许多的石球，它们显然不是自然形态，而是人工加工而成的。山顶洞人作为装饰品的是一颗颗小圆石子。仰韶文化中的房屋基址平面，有许多是比较规则的圆形。陶器的形状几乎全部是圆形的。至于玉器，包括环、佩、璜、琮、璧等，都是圆形的。在辽宁喀左东山嘴出土的“地母像”，就完全是一个个圆的组合了。

在原始人的制品中，我们看到了极其丰富的圆的制品，有的虽不能做到十分的“圆满”，但也深深地渗入了圆的意识。

为什么原始人崇尚以至痴迷于“圆”呢？众多专家都作出了自己的解释，林少雄先生在《人文晨曦》中的解说则较为完整和有说服力。

其一，圆形是自然界普遍存在的一种现象。比如各种树木的枝干剖面，植物的果实，其中大多数是圆形的。特别是史前时期普遍繁生于华夏大地的形状各异的葫芦，在外形和功用上给人的发明以直接的启迪，成为人的种种发明创造的最佳范本。可以说，考古发掘所发现的葫芦形容器是大量的，它实际上是对大自然的一种写真式的创造。当然，不只是植物，动物的身躯、蛋、巢穴，也都是圆形的，对人也有启示作用。

襄汾丁村出土的石球

阳高许家窑出土的石球

其二，圆形也是人体特有的生理结构。不仅人的躯干是圆的，

彩陶中所表现出的各种各样的"圆"

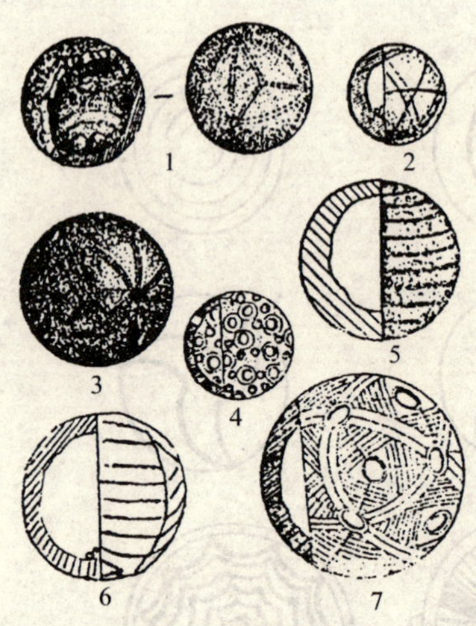

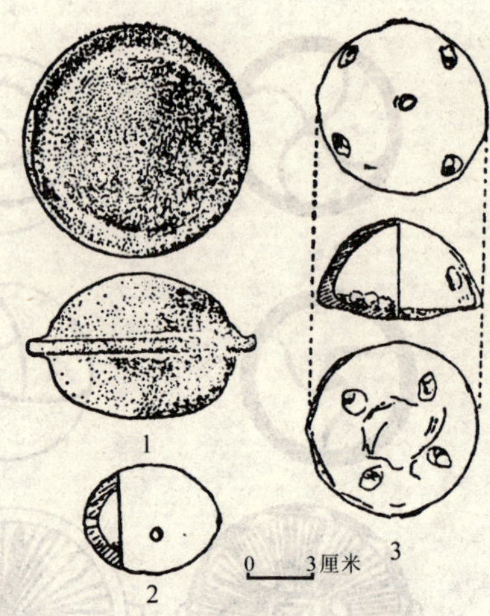

长江流域新石器时代晚期摇响器

1. 桂花树出土　2. 三元宫出土

3. 朱家嘴出土　4. 薛家岗出土

5. 屈家岭出土　6. 易家山出土

7. 薛家岗出土

黄河流域新石器时代晚期摇响器

1. 姜寨出土　2. 土谷台出土

3. 寺洼出土

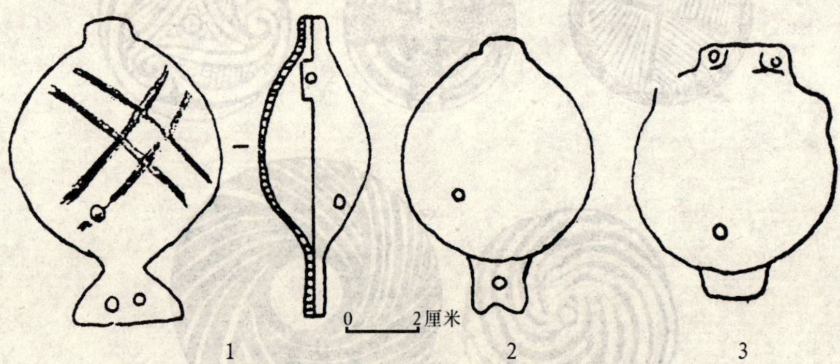

火烧沟陶埙

众多的乐器奏出了史前时代和谐悠扬的旋律。

1. 采集品　2. M226 出土　3. M193 出土

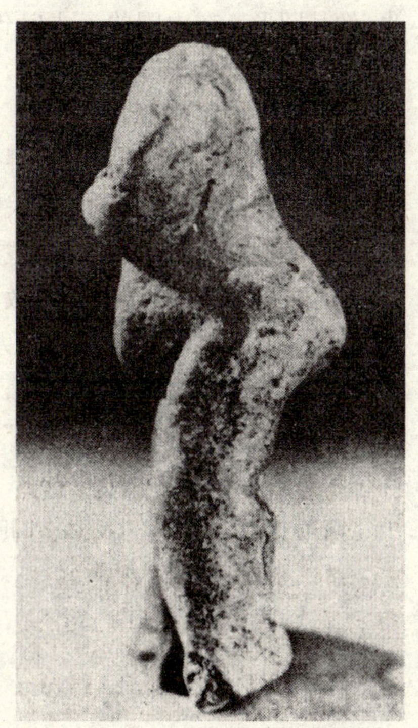

辽宁喀左东山嘴出土“地母像”

而且人体的各器官多呈圆形，比如人的头、眼球、鼻孔，张开着的嘴，女性的乳房等。也许，在潜意识上，喜爱圆形正好反映了人体的一种生理本能，是对人自身体态的一种满有情趣的描摹。

其三，圆是自然界天体宇宙中的一种普遍存在形态。包括我们居住的地球在内的我们能看得到的日、月、星、辰，都是圆形的，不仅如此，它们的运行轨道也是圆的。原始人以圆为意象进行自己的创作活动也是理所当然的了。从这点上讲，原始人本身就是不俗的艺术家。

圆，代表着一种天、地、人合一的宏大观念。中国的创世说认为，宇宙初创时，“天地混沌如鸡子，盘古生其中”。“鸡子”者鸡蛋也，像其圆形。在中国的远古时代的先民看来，宇宙本身就是一个硕大无比的大“鸡子”，由是观之，人所处的世界的的确确是一个圆的世界了。

既然人处身于一个圆的世界中，那么，在长期的文明发展中也必然会形成“圆”的理念。中华民族，这一民族的每一位黄帝子孙，他们在“圆的文化”中发展着自我。这种“圆的文化”可以说是渗入到每个人的骨子里的。中国人做人强调“圆和”，办事追求“圆满”，处置人际关系要求“圆通”，说话力求“圆活”，连吃的糯米团也被称为“圆子”，男女结婚则叫“圆房”，舞台上演戏也要追求那么个所谓的“大团圆”。我们说的“圆文化”确确实实是渗入到了我们民族每一个成员的每一根毛孔之中的。

圆的世界，圆的文化，把我们的民族推向圆美的明天！

墓葬的进化

男女单独合葬之谜

墓葬是一种文化，是一种以生命的终结来反映生命历程的文化，是一种以死来模拟生的文化。墓葬的进化，映衬着人类社会生活的进步。

在大汶口 133 座墓葬中，一般还是单人葬，但有 8 座合葬，经过性别鉴定的 4 座墓，其中 3 座墓均为一对成年男女，男左女右，随葬品以男性为最丰厚，另一座也有一对成年男女，也是男左女右，女人右侧还有一个女孩。这种墓葬制度在旧石器时代是不可想象的，在新石器时代早期也是找不到的。这是一种初次出现的墓葬形式，它深深地引发着考古学家和历史学家的兴趣。

墓葬本身是一部历史。如果说社会经济、政治、文化的发展是人类历史的阳纹的话，那么，墓葬制度则是人类历史的另一面——阴纹。

在旧石器时代，人类也会有墓葬，但肯定比较的古朴和随意。人死了，就寻找一个地方把尸体埋了，埋尸的地方可能就在原始人居住的地方。除了同一氏族的人埋在一块外,不会有任何其他方面的要求。

到了新石器时代,墓葬制度有了惊人的进步。它一改以往的古朴和随意,变得华美而刻意了。在现在见到的一系列墓葬中,墓区的规模常常十分巨大,在几万平方米到几十万平方米之间,墓区完全可以与居住区相匹敌。同时,墓区被安排得井然有条,一排一排,一行一行,像刀切的一样整齐。可见,先民们对生活之外的另一个世界是何等的关注。

在很长一段时间内,有单人葬,也有合葬,但往往以单人葬为主。

人不可能单独生活,男女之间的交媾也是天经地义的事,可在墓葬上为什么长期坚持着单人葬呢?人类学家为我们解开了这个谜。原来,在远古时代,氏族的利益是高于一切的,不同氏族之间的利益之争是常有的事,当人类还在实行着母系氏族制的时候,为了本氏族的兴盛和繁衍,虽然实行着族外婚,即从外族那里去寻找男性,以传宗接代。但是,这些外来的男性只有与氏族女性交媾的权利,却永远不能成为本氏族的成员。一个本氏族的女人,怎么可以与外族的男子合葬呢?这样,生而交媾可以,死而同墓却不行。单人葬必然成为那个时代的主流。

有没有合葬墓呢?有。不过,那时的合葬墓情形比较复杂,有些情况至今也难以弄清。

一种是多名成年男女的合葬。在老官台文化的墓葬地,葬式以单人葬为主,但在墓地发现了一个包括五位成年男女的合葬墓,墓壁有用石料涂抹的痕迹,随葬品均单独摆在每具骨架的足部。这一合葬墓可能埋葬的是一个家族的成员,其中有二次葬的,因此这五人中实际上有不同辈分的人,但由于二次葬,就难以从骨骼上加以鉴定。

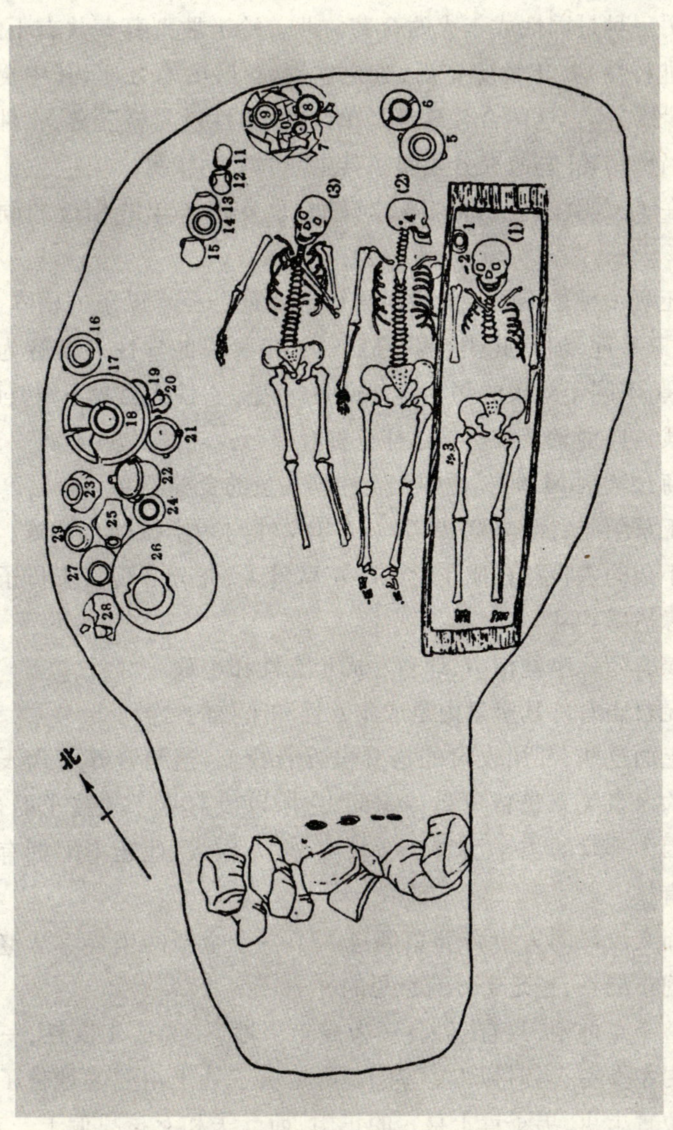

齐家文化的夫妻合葬(青海乐都)

另一种是同性成年人的合葬。北首岭半坡型墓葬共有十四座，普遍进行性别、年龄鉴定后，确定性别、年龄的有九座，其中男性八座，女性一座。这些合葬墓都是单性的，男性以骨镞随葬，女性以蚌刀、骨针、纺轮随葬，充分反映了其生前的劳动状况。

在王家阴洼、北首岭、半坡墓地，也发现了年龄相近的同性合葬墓。

还有一种是不同年龄段的异性合葬墓。泾水以东的横阵、元君庙、史家墓地，都有此类合葬墓。同一年龄段的异性可理解为夫妻或配偶，不同年龄段的男女合葬说明什么呢？使人百思不得其解。

最具典型意义的当是这样一种合葬墓：

商县紫荆 M19：一位中年女性同儿童的合葬墓。

王家阴洼有两座墓，皆为一成年女性与一小孩的合葬墓。其中一座小孩的头骨贴在成年女性的左臂骨上，充分表现出了母子情长的血缘情感。

姜寨的一座瓮棺中，埋着一成年女性和小孩。

元君庙有好几座墓内是成年女性和小孩的合葬。

上面这些，都用无声的语言告诉着我们，这些合葬墓代表的亲属体的血亲关系是依母系传承的，之所以没有男子与孩子的合葬，那是因为那时的男子没有什么权威，是外族人，他还不配拥有孩子的所有权。

而大汶口的夫妻合葬墓则进入了一个全新的境界。从整个合葬墓的布局看，也是十分有意思的——

整个墓地中，共有三人：一为成年男性，一为成年女性，一为女孩。男左女右，当时以“左”为上，自然男子处于主要的地位了。从空间位置上讲，男子置于墓穴的正中，而女子和女孩只偏于一方，女子和女孩加起来占有的空间还不到男子一人占有的空间大。随葬品是不少的，但在女子和女孩一边，基本上没有什么随葬品，而在男子的头顶、手边、足边则全撒满了随葬品。从在墓中的位置高度看，男子置于最高处，女子次之，女孩最低。

从墓葬的这一格局看，到大汶口文化晚期，氏族社会已经走到了它的末期，女子的地位一落千丈，而男子的地位上升到中心的程度。而且从财产角度看，家庭的财产也隶属于男子了。

这也可以说是历史发展的必然。在大汶口文化晚期，社会生产力有了较大的提高，渔猎与采集的重要性大大降低，而农业与手工业渐渐成了社会经济中的主导行业。男子的生理条件使他们成了这些生产的主要承担者，从而确立了他们在社会上的主导地位，在财产分配上也有了自己的决定权。

原先是从妇居的。男子进入妇方氏族，但不得成为妇方氏族的成员。

现在是从夫居的。女子从原先的娶夫变为出嫁，由于男子的权威，女子进入夫家氏族以后，随即成为夫家氏族中的一员。这样生而为夫妇，死而合葬在同一墓中，一切都顺理成章了。

恩格斯在《家庭、私有制和国家的起源》一书中指出：

"一夫一妻制是建立在丈夫统治的基础上的，其明显的目的就是生育确凿无疑的出自一定父亲的子女，而确定出生自一定的父亲之所以必要，是因为子女将来要以亲生的继承人的资格继承他们父亲的财产，一夫一妻制家庭和对偶婚不同的地方，就在于婚姻关系要坚固得多，这种关系现在已经不能由双方任意解除了。"

当然，一夫一妻制家庭关系的确立是一个漫长的过程，大汶口墓葬所见，只是个开始而已。

穿地取水

井文化之谜

“井”是中国先民的一大发明。人类的生活离不开水，人们必须傍水而生存、繁衍。可自从发明了水井以后，生活的范围就大大的拓展了，在原先没有水源的地方，只要凿上几口井，一切问题就迎刃而解了。“九夫为井，四井为邑。”(《周礼》)“改邑不改井。”(《易经》)中国的传统观念视井为命根子，把“离乡背井”看成是人生一大苦事。问题是：穿地取水、凿土为井，究竟起始于何时呢？井的发明权究竟该属于谁呢？

关于井的发明，在我国的文献中有种种说法。

根据《史记》的说法，是舜发明了井。舜的父亲瞽叟，是个不太讲理的人。舜母死后，瞽叟娶了后妻，又生了个儿子。“瞽叟爱后妻子，常欲杀舜”，为了杀舜，“瞽叟使舜穿井”，试图让舜下到井底的时候“下土实井”，把舜杀死在井下，哪里知道舜是有先见之明的，打井时同时打了条地下通道，井被填死时他早就从地下通道逃出来了。这样，井就被舜发明了出来。

《吕氏春秋·勿躬篇》的说法是“伯益作井”。伯益是舜时东夷的一位部落首领，相传他是助禹治水的最大功臣。后来，禹当政时曾想把位置让给他，他怎么也不肯，二人相持不下，最后伯益避居于箕山之北，并在民间发明了井，造福于世人。

上面都是史书上记载的关于井的发明的故事，时间都说是在舜的时代。看来，这大致上是正确的，从考古发掘资料看，井的发明的确在大约5000来年以前。

在苏州城东15公里的独墅湖一带，这里在远古时代曾经是水草丰美、人口稠密的地方。就在独墅湖的湖底——当年是一马平川，在仅3.2平方公里的区域里，发现了近百口土井。据考古分析，这些土井存在于5500年前，是我国目前为止发现的最古老的古井群。

在这些古井群旁，还发现了大量制作精巧的黑皮陶罐，每一陶罐顶部有两个小洞，可能是为了便于携带，也可能是为了穿上绳可打水。

在河南汤阴白营发现了一口约4500年前的古井。此井深达11米，可称得上是深水井了。井壁用木棍自下而上层层叠起，累计有46层。木棍交叉处有榫，使两根木棍之间能固定起来，对保护井壁起了很大的作用。从上往下视，木棍层层相压，成“井”字形，由此可见当时井字造字时是像实物之形的。

在汤阴白营古井的不远处，有陶窑，并有水沟通向窑边。

在汤阴白营古井底部有不少陶制水罐，罐子上有绳络的痕迹，可见那是汲水陶罐。

其他，在河北邯郸涧沟、河南洛阳矬李、江苏吴县澄湖等处都发现有5000年前的古井。

古井的发现纠正了人们的一个长期形成的观念，即以为井的发明是为了满足人们生活的需要。其实那是不确的,至少是不完全正确的。从古井的实际情况看,井的发掘主要还是为了陶器制作。陶器制作需要大量的水,而水源往往是个极大的问题,尤其在我国北方。于是,我们的先民想出了掘井一法。有了井,又有了泥,那么制陶就随处可行了。白寿彝先生在《中国通史》中说:“河北邯郸涧沟的井为土井,建于陶窑附近,并有水沟通向窑边的和泥坑,看来是为制陶时淘泥用的。”苏州独墅湖的古井旁有着同期的大量陶器,看来以井水制陶也是势所必然的,不然,在 3.2 平方公里的小范围内,食用水说什么也不用百来口井。

当然,我们并不排斥井水的食用价值。《周礼·地官》有言:“九夫为井,四井为邑。”在很长一段时间内,社区就是以井为基本单位的。九家人家(九夫)共用一口井,有四口井就组成一个村邑。有三十六家人家共用四口井,组成一个村庄,一切也都可以了。

沙漠中的绿洲文明 楼兰古城突然消失之谜

20 世纪的第一个年头，著名瑞典探险家斯文赫定带领一支探险队到新疆探险。他们在沙漠中艰难行进。作为向导的维吾尔族人爱克迪在返回原路寻找丢失的铁斧时，遇到了沙漠狂风，一时迷失了方向，意外地发现沙子下面的一座古代城堡。爱克迪把情况告诉了斯文赫定，斯文赫定于后些日子抵达了这座神秘的城堡，发掘了不少文物，并断定这就是辉煌一时的楼兰古城。

这些在远古时代开始在楼兰创造文明的人，是土著、还是来自他方？这里的古文明与外界有何联系？为什么沙漠中的绿洲文明，后来悄然无声地消失殆尽了呢？这一个又一个的历史之谜，等待着人们去解开。

通西域的张骞真是见多识广，他在回国后给皇帝的上书中谈到了楼兰，他说："楼兰、姑师，邑有城郭，临盐泽。盐泽去长安可五千里。"讲得有点模糊，但大致意思还是清楚的，楼兰在离长安五千里之外，那里有较高的文明，而且筑起了城墙，与盐泽这个湖泊相邻。张骞说的这段话，记述在司马迁著的《史记·大宛列传》中。

古楼兰在哪里？司马迁当然讲不清楚。现今，我们知道，古楼兰在新疆境内罗布泊西岸，在现代当属最荒凉的地区了。可是，在四五千年以前，这里有湖泊，有绿洲，曾经是绿色的文明之地。聪明的楼兰人，曾经在这块土地上创造了远古的绿色文明。

遗址内的居民区现在还依稀可见排排房柱丛立。这些民居一般由三至五间组成一套单元房屋，有的甚至多达八间一单元。在第10号房址，大厅南北长7米，东西宽5.5米，面积达38.5平方米。大厅规模如此之大，为中原所不见。值得注意的是，有些大厅一侧设坑，有的两侧设坑，有的三面设坑。有的大厅还发现了火塘遗迹。

在这里，也已经有了自己的陶文化，陶甑、陶釜等成为他们生活中的必需用品。

在这里，有着大量的木制餐具，可见，当时这里是水草茂盛、树木森森的。木制餐具有木桶、木盆、木碗、木勺、筷子、木瓢、木叉、木酒杯等。其中，筷、叉共同被专家视为很有意思的现象。

在通向楼兰的孔雀河下游，考古队发现了大批古墓。其中几座墓葬外表奇特而壮观；围绕墓穴是一层套一层共七层由细变粗的圆木，圈外又有呈放射状四面展开的列木。整个形象似一个大太阳，不由得让人产生种种神秘联想。棺木中还保留着几具较为完好的楼兰女尸。她们鼻梁高，眼睛大，头发浓密微卷，散披于肩后。头上戴有素色小毡帽，帽绿缀红色毛线，帽边插几支色彩斑斓的雉翎。墓中出土有木器、骨器、角器、石器、草编器等器物，经科学测定，女尸及墓中器物至少有四千年历史。可见，在远古的新石器时代晚期，这里的人们已经创造了属于自己的相当发达的文明。

后来，在楼兰地区，建起了城市，城市的形制有方城和圆城，以方城为多见。因为地处东西方交通要道，在城市建筑上也荟萃了东西方文明的精华。

较为后起的一座楼兰古城建于罗布泊西北，距罗布泊不到三公里。遗址在两条古河道中间，古河道由东向西注入罗布泊，古城中间有一条水渠与这两条古河道相连。

楼兰古城呈长方形，东城墙长 333.5 米，南城墙长 329 米，西墙和北墙均长 327 米，面积达 10 万平方米。城墙用粘土与红柳枝及芦苇间杂修筑，厚度从 30 厘米到 1 米不等。

古城内有一斜穿城址的水渠，把整座城市分为东、西两部分，这可能是兼灌溉和民用两利的水力系统。在城内渠道之西，遗迹较为集中，可能是当时的居民区。在略偏西南处，有一座很大的院落，平面呈不规则长方形，坐北朝南，东西长 57 米，南北宽约 30 米，院内沿北墙和东墙各有一排建筑。北面的一排是主体建筑，残存六间房间。墙壁用红柳编织涂泥，房址前还保存有三级阶梯，可见房屋的地面高于外界地面不少。

在西城墙下，亦有一组较大建筑，南北长 20 多米，东西宽约 15 米，是由许多房间组成的一组建筑。此外，在城西侧的北部和南部，也有大量建筑遗址，可见，楼兰城在被废弃之前，城内建筑是十分密集的，同时，人口也相对相当密集。

问题在于，楼兰人来自何处呢？从他们使用现在中亚已经灭绝的文字看，似乎“楼兰民族”来自中亚。如果这样，那么，他们经历怎样的迁徙路线，长途跋涉来到这里的呢？在交通工具十分不便的条件下，他们徒步来到这里的吗？

这里有过与世界先进文明并驾齐驱的几千年的辉煌期。可是，为什么到公元三四世纪就销声匿迹了呢？有人说，这与大自然的沧海桑田有关。这里曾是一片绿洲，可是，公元三世纪以后，流入罗布泊的塔里木河下游河床被风沙淤塞，并改道南流，这样，楼兰地区被大自然遗弃，这里的文明也随之消失。另有一种说法认为，楼兰文明的消失与人为因素有很大关系。汉、匈奴和其他游牧国家常在楼兰这块土地上挑起战争。战争破坏了这里的文明，直至使这里的文明消失殆尽。当然，这都只是在一定事实基础上的推理，究竟怎样，还有待于考古发掘的进一步证明。

土坯墙的出现

砖的发明之谜

在建筑史上，也许砖的发明是最伟大的事件了。木用之于建筑，那是很早的事，在新石器时代早期就有了。而砖的出现要晚得多。但是，只有在砖出现以后，才会有中国传统意义上的砖木结构建筑，中国的建筑业被大大向前推进了一步。无论是河南汤阴的土坯砖，还是上海福泉山的火烧泥砖，都证明中国砖的历史已有了5000年上下的历史。

在相当长一段时间内，原始人所居的房屋的墙面是泥制的。在河北省武安县的磁山遗址，发现不少圆形或椭圆形的半地穴式建筑。房屋的半地穴的地面部分的墙都由泥拌上柴草制成，再以木柱支撑，就成了很是实用、大可遮风躲雨的房屋了。

也有考究的石制建筑，那是神坛。神坛是神圣的，在层次上它被视为大大高于一切民居，因此一般使用十分考究的石料建筑。红山文化建于5000年前的大型祭台，东西长11.8米，南北宽9.5米，上部用石块铺砌而成，周围用石片镶边，石圈内铺一层大小相近的河卵石。这一石建筑十分考究，是任何民居不能望其项背的。

石料少，采石难，民居不能用石料。但是，随着原始人生活条件的改善，房屋的规格在提升。最早的民居开间小，低矮，用料可以差些。如河北武安县的磁山遗址的先民住在圆形或椭圆形的半地穴式建筑中，面积只有六七平方米，但经过二三千年的发展，人类的居室普遍增大到 20 来平方米一间，房屋的高度也提高了不少。于是，对建筑材料的要求也提高了。可以说，砖的发明是应运而生。

也许是偶然的发现，也许是受了制陶技术的启示，到龙山文化时期，也就是新石器时代后期，先民们发明了土坯砖，发明了烧制红砖。

这也有一个过程。

在河南永城王油坊遗址、汤阴白营遗址、安阳后岗遗址和淮阳平粮台遗址，都发现了用土坯砖砌的房子和墙。先民们先将泥拌上水，然后调匀，搅拌，使之发粘，就用一次方式制成土坯。将这些土坯晒干后就可以砌墙或房子了。在一块土坯砖与另一块土坯砖之间必有缝隙，他们就用黄泥加以粘接，使整个墙面连成一体。

在上海福泉山遗址和浙江余杭大官山遗址，砖的质量则大为提高了。先将泥水搅拌后制成土坯，那是一样的，但这里又加了一道工序，就是将土坯在火中加以烧炼，这样就出现了中国历史上最早的红砖。不过，火候显然还很不够，不少红砖中间还是夹生的。当时的人们已经能制作十分精美的陶器，不知为什么不去用同样的方法烧制砖块，这始终是一个谜。也许砖的用量要数百倍于陶器，当时的人们还没有能力用窑烧制砖吧！

当时的砖墙所用的砖的规格还不怎么划一，可能出自许多人之手，就是一个人所制的砖，在没有统一模子的情况下制作出来的砖也不会是一样的。王油坊、白营、后岗等遗址的土坯砖一般长在

20～50 厘米间，宽在 15～38 厘米间，厚在 4～9 厘米间，宽、长、厚都可以相差一倍以上。可见，当时的随意性是很大的。淮阳平粮台遗址的土坯砖就整齐多了，那里土坯长 32 厘米，宽 27～29 厘米，厚 8～10厘米。砌成墙后凹凸面就小得多了。在砖的规格化上，上海福泉山遗址和浙江余杭大官山遗址所用的砖，规格也不怎么整齐。

为了填补墙面的不平，也为了使整个墙面连成一体，砌成墙体后在墙面都抹上草泥。后来，人们发现了石灰石矿，加以开采，烧成石灰。在新石器时代晚期，我们还发现了烧制石灰的石灰窑。将石灰抹在墙面，使墙面光滑平整，质地坚硬，颜色净白，这种方法，一直延续到近现代，就是说石灰的应用已经有了三四千年的历史了。

由村落走向城市

原始城市之谜

古书上说是“鲧作城”(《世本》),鲧为禹的父亲,属夏以前的唐虞时代,距今大约有四千多年的历史。这虽是传说,却有一定的历史依据。考古发现证明,就在四五千年前,在中华大地上渐次升起了一座座城堡,成为人口相对集中和经济相当繁荣的地方。不过,最原始的城市起于何时,它的出现出于军事的需要、还是经济发展的必然产物,在人们心头仍然是一个难解的谜。

谈到城市的起源,一些专家认为不能不谈及原始社会氏族制的村落。那时的村落,相当于一个氏族或氏族联盟的聚居地,为了安全,为了自卫,必须要有防御措施。著名历史学家杨宽先生在《中国古代都城制度史研究》一书中说:“距今约五六千年前,新石器时代的仰韶文化时期,氏族村落的周围已开始用濠沟作为防御措施,村落已有合理的布局。”这种“防御措施”,后来就一步步地发展成为城市。

这样看来,城市从乡村走来。

可以看一看西安半坡遗址，遗址略呈椭圆形，居民点南靠河流，北边有弧形的壕沟环绕。河流和人工开凿的壕沟把整个村落包裹得严严实实，人们可以利用这些防御设施放心地制造陶器，在窖穴中存放粮食和舒心地生活。在河流和壕沟之间，朝东和朝西北，有两个缺口，可以作为村民进出的通道，相当于日后的城门。

临潼姜寨遗址的状况也如此。氏族村落西南靠河流，北、东、南三面被人工壕沟环绕。壕沟正东有缺口，西北沿河也有缺口，是人为留有的通道，作为村落的门户。西部临河边为制陶区，壕沟以东有氏族墓地。村落中心为广场，是氏族集体成员集会、娱乐的场所。周围分为几个部分，每部分有一座大房子和若干小住宅，门口都向着中心广场。

在这里，就孕育着未来的城市。杨宽先生认为："这种以大屋子或广场为中心的居民点布局，面向东方的向阳通道，南边靠河流和北边挖壕沟的防御措施，同时又以河流作为水源，并在周围分设制陶区、窖穴以及氏族墓地的办法，都是为了适应氏族集体生活的安全的需要。这种有计划的布局，就是后来城市的萌芽。"

在村落的格局中有着"后来城市的萌芽"，并不等于说所有的原始村落后来都发育为城市。事实证明，原始村落的发展是两极化的，一极是由原始村落发展成为未来的乡村，另一极是由原始村落发育成为未来的城市，二者相比，发展为未来城市一极要小得多。

只有在条件极为优越的某些地方，"城市的萌芽"才能发育成为真实的城市。

在湖南澧县城头山遗址，发现了目前我国最早的史前城址，可称为"中华第一城"吧！城由夯土城墙、护城河、城门和城内夯土台基几部分组成。城垣的平面为圆形，外圆直径为 325 米，内圆直径为 310 米，墙周长约一千米，城内面积为 7.6 万平方米。城外的护城河，东南北三面都是利用自然河道，西面为人工河道。现存护城河最宽处达35米，深约4米。在城的东西南北四个方向各开一城门，基本上是对称的，在城内的最高点，也是城址中央部位，考古工作者发现了成片的夯土台基，为房屋建筑的遗存，可见当时住在城内的人还不少呢！城内还发现有道路、制陶区，城内北部有公共墓地。在长达千年的变故中，城墙几经兴废，几度修建的痕迹十分清楚。

属于龙山时代的城堡有山东章丘城子崖，寿光边线王，河南登封王城岗、淮阳平粮台，内蒙古包头河善、凉城老虎山，湖北石首走马岭，河南安阳后岗等，其中最完整最具典型意义的要数淮阳平粮台的城堡遗址了。

这是一座正方形的城市，每边长185米，城内面积为3万4千平方米，如果包括城墙部分，总面积为5万平方米上下。但这所城市十分坚固，墙体很厚，墙基处宽约13米，残高3米多，顶部宽8～10米，如果加以复原，所需土方大约不小于4万立方米，工程十分浩大。

全城坐北朝南，方向为磁北偏东6度，几乎与子午线重合。南门较大，为正门，设于南墙正中；北门很小，又略偏西，看来是后门。这种格局明显是精心设计的，它所体现的方正对称思想一直影响了中国古代城市几千年的发展，成为中国城市的一大特点。

在白寿彝先生主编的《中国通史》中，对平粮台城堡作了中肯的归纳：

城内有较高级的房屋建筑。现在仅挖掘了十几座房基，都在东南角，看来还不是主体建筑。但即使如此，也可看出这些建筑的非同一般。这些房子都用土坯砌筑，而且分成一间一间的，是分间式建筑。一些房子用夯土做台基，房内有走廊，比一般村落的房子讲究得多。由此可知城市内的居民主要是一些有地位的人，还可能相当部分是贵族,是统治者。否则他们是难以调集那么多人力、物力的,造那么坚固的城防工事本身说明了问题。

那么多上档次的建筑,本身说明了人口的密集,这也是城市的标志之一。

城内有较好的公共地下水道设施。这是人口密集的必然结果。当时供水的水源看来主要是水井,发现了5米多长的排水设施,整个长度当然不止于此。这段下水道正通过南城门,埋设在距地面0.3米的深度。水道本身由专门烧制的陶管套接而成,每节陶管长35～45厘米,直径细端为23～26厘米,粗端为27～32厘米。每节细端朝南,套入另一节的粗端。整个管道是北端即城内稍高于南端,可见此下水道是为解决城内废水向城外排放而设置的。

地下排水管的存在,本身就说明了用水量的巨大,也间接地告诉我们城市人口的高度集中。在原始村落中,设置地下排水管是没有必要的。

城内有严密的防卫设施。有了城墙,还需要考虑城门的管理。这座城为了防卫的需要专门设置了门卫房。门卫房用土坯砖砌成,有两间,东西相对。两房之间的通道宽仅仅为1.7米,那样便于门卫把守。门卫房中看来日夜有人把守,因此,里面有灶面,可为门卫作炊事,吃饭睡觉都在里面了,如在冬季,还可升起火盆,用以取暖。严密的门卫,再加上高高的城墙,在当时条件下,足以应付一切来犯之敌了。

城内还有一些手工设施。在城内的东南、东北、西南都发现了陶窑,说明制陶业有了相当的发展,从陶制地下管道看,在制陶业内可能还有了分工,有了专业的制陶工人。在城市东南角的第15号灰坑内还发现了铜渣,说明当时在城内已有了炼铜工场和制作铜器的工场。是否还有其他手工作业呢?一定有,只是至今没有发现罢了。

城内有宗教活动的遗迹。在城西南角内侧埋着一大一小两头完整的牛骨架,看来是杀牲祭奠的遗迹。城内发现一些小孩埋葬,有瓮棺葬、土坑葬、灰坑葬,其中有些明显有祭奠的遗留。

对城市的解释有两种倾向,一种是解释为人口密集、工商业发达的地方。有“城”必有“市”,“市”是人们集中交换自己的产品的地方,也就是工商业有相当发展情况下交换发展的产物。另一种是解释为防卫。《墨子·七患》:“城者,自守也。”从平粮台城堡遗址看,二者的功能都齐全了,但是,究竟以何者为主,从现有条件看,是难以定夺和下断语的。

城市是走向文明社会的一道门槛。城乡的对立,体力劳动和脑力劳动的对立,以及贫富的进一步分化,都孕育了新生的城市之中。解剖平粮台城堡遗址,使我们感受到文明社会正踏踏走来的脚步声。

远方来物

“日中为市”之谜

在新石器时代晚期的墓葬中，出现了一些远方来物，包括当地所无的动物化石及用这类动物骨骼制成的饰品，包括来自异地的石料，以及非本土所产的陶品。这是怎么回事呢？对此，考古学家和人类学家展开了丰富的想象和认真的追踪，并同古籍中所谓的“日中为市”联系了起来。

大汶口10号墓的开掘，引起了人们普遍的兴趣。这是一位可能很有身份的老妇人的墓地，随葬品之丰富及其质地之优异，堪称大汶口墓葬之冠，其中除了有大宗的猪头、石器、玉器、骨器、陶器等物外，还有看来产于异地的象牙器、绿松石及鳄鱼鳞板，其中的白陶、玉铲和象牙梳实为精美的工艺品。

因其数量之多，考古工作者认定这些随葬品不可能全由其自已和自已的家庭成员生产。

因其物品之异，考古工作者设想这些随葬品中的一部分来自异地。

因其葬品之珍，考古工作者还推断这位老太太决非等闲之辈。

象牙器迄今只在曲阜东魏庄、茌平尚庄、滕县北辛和湖北郧县青龙泉有少量发现。据信,在新石器时代,在长江以南的一些地方有象出没,在南方的一些遗址中也偶有象骨发现。可见,大汶口10号墓中的种种象牙器来自长江以南的某处。绿松石是稀有矿石,至今发现极少,大汶口10号墓发现的绿松石串饰,由19枚大小不等的绿松石组成,如此多的绿松石珍品,也不可能在一地采集到。大汶口出土的鳄鱼鳞板,经鉴定属扬子鳄。新石器时代黄淮平原一带有扬子鳄的自然分布,但要进入10号墓地区想来也有一段距离。《中国原始社会史》一书的作者宋兆麟等在研究后认为:“上述三种珍品都不是大汶口当地所产,而是通过交换得来的。不管它们是通过什么形式交换来的,都是地区之间已经发生交换关系的证明。”

在江苏邳县大墩子和山东兖州王因、泰安大汶口等遗址中,都发现有少量的河南庙底沟类型花瓣纹彩陶盆或彩陶片。从数量很少,器形、质地、色彩、纹饰又与大汶口本地文化的彩陶迥然不同分析,这些器物也定然不是当地所产,而是经过一定形式的交换得来的远方之物。

南京北阴阳营遗址出土了几百年玉石、玛瑙和水晶质地的玦、环、璜等饰物,据了解,这些石料也并不是当地所产,极有可能也是从他地交换而来。

上面这些资料表明,当时的物品交换已经范围很大。从今天的河南把物品交换到今天的山东地区,真可谓千里迢迢。不能设想,人们是怎样带着自己的交换物,走向自己的交换地的。

人们的物质交换有一个规律:先是个体(家庭)与个体(家庭)之间的交换。甲与乙交换,乙与丙交换。后来,逐步有了交换的专门场所,称为“市”。这时,交换的场面大了,品种多了,可选择的余地也多了。《周易·系辞》云:“日中为市,致天下之民,聚天下之货,交贸而退,各得其所。”在原始社会后期,可能会有这样的市。那时没有什么照明设备,只能“日中为市”,趁阳光灿烂之时进行货与货的交流。而《系辞》中记的“致天下之民,聚天下之货”,是一个总体的、宏观的说法,也就是一个总体的印象,具体到一个“市”,最多十来里之间的几个氏族、部落之间的人们进行交换,再远,太阳一下去,就回不了家了。

地处河南的货物,为什么跑到了山东地界呢?这似乎仍然是个谜。

有人解释说,一个“市”的交换范围总在十来里方圆之间,这是毫无疑问的。而一个“市”与另一个“市”之间不能说一点没有联系。从这个“市”把某物品传到某个家庭,某个家庭过些时对这一物品不怎么感兴趣了,又可能投向另一个“市”。这样,“市”与“市”之间的不断接力,也就把某些货物传向千百里之外的远方了。

这种设想,也不能说不可能,但实在也是很烦难的。而且,以物易物,要走向远方,总厌太笨重。非生物类物品还好些,像牛、羊这样一些活口,要几经传递走向远方,真正是难矣哉了!

也许经历了几千年,几万年的摸索,在物物交换的基础上,找到了某种交换的中介物,即原始货币。

在湖北省京山县屈家岭文化遗址,发现有一种陶质较软的彩陶纺轮,形式多样,色彩柔和。制作过程为,一般先在两面涂抹橙黄陶衣,再在单面绘以红褐色或红色花纹,彩纹图案主要有同心圆纹、漩涡纹、对顶三角纹、平行短直线或短弧线纹和卵点纹等。有专家认为,这种彩陶纺轮不是单纯的纺纱专用工具,而是屈家岭文化共同体在当时流行的一种原始货币。

如果上述推测可以成立,即一个文化共同体可以有自己通行的货币的话，那么，在不断的发展过程中，人们会去发掘一种更大范围内流通的货币。

事实证明，这种大范围流通的原始货币是有的，那就是贝币。

1975 年，在青海东都柳湾墓地发现了用海贝、石贝和骨贝随葬的现象。青海远离海滨，海贝是极为珍贵之物。正因为珍贵，它就成了万能的、可交换一切其他物质（相对而言）的东西。后来，单是海贝不够用了，就用石贝、骨贝来替代，当然后二者的“面额”要小得多。

“日中为市”，在现代人看来是一个充满梦幻般意味的遥远的谜，而对五六千年前的远古人类来说，确实是十分现实的。

人与自然

远古时空混同之谜

时间是什么？空间是什么？这个问题对现代人来说，已经不难作出明确而科学的解释。时间是指物质的持续性，空间是指物质的广延性，时间和空间是物质存在的形式。可是，史前的先民不能有如此清晰的观念。他们把时间和空间交错混同在一起考虑，形成了一种原始的、而又影响十分久远的思维模式。

在西方，很早就产生了纯时间和纯空间的观念。亚里士多德在其范畴表中，分析了时间和空间范畴，提出时间与空间本身加以界说。但是，在中国远古，时间与空间却被嫁接在一起，形成一种特殊的、时空混同的思维模式和思想方法。

《礼记·月令》这一典籍，记述的实际上是中国远古时代的一种人的思维模式和思想方法。东方这个空间概念，却与春季这个时间概念相结合和对应；南方这个空间概念，却与夏季这个时间概念相结合和对应；西方这个空间概念，却与秋季这个时间概念相结合和对应；北方这个空间概念，却与冬季这个时间概念相结合。《吕氏春秋》的十二纪就是按照这样的思维模式和思想方式衍化出来的。“立春之日，天子亲率三公九卿诸侯大夫以迎春于东郊。”(《吕氏春秋·孟春纪》)“立夏之日，天子亲率三公九卿大夫以迎夏于南郊。”(《吕氏春秋·孟夏纪》)“立秋之日，天子亲率三公九卿大夫以迎秋于西郊。”(《吕氏春秋·孟秋纪》)“立冬之日，天子亲率三公九卿大夫以迎冬于北郊。”(《吕氏春秋·孟冬纪》)在这些篇章中，把时间作为主轴，附会上空间，再连结以人事，这样，远古人类的思维模式被描摹得活灵活现了。

促使原始人将时间与空间折叠在一起的，是人们对太阳的观察和理解。太阳的年周期运行为人们提供了划分四季的尺度，而太阳的日周期运行又为人们提供了一定的方位尺度，原始先民将这些想当然地结合在一起，就形成了一种时空混同的观念，春天的太阳与初升的太阳相应，成为东方的象征；夏天的太阳与正午的烈日相应，成为南方的象征；秋天的太阳与傍晚的太阳相应，成为西方的象征；冬天的太阳同夜间转入昏暗地底的想象中的太阳相应，成为北方的象征。这样的时空观念，显然比之西方的把时空抽象成纯时间和纯空间要实在些，这也许影响了中国人日后的崇实风貌。

时空的混沌，又与色彩的混沌相焊接，使中国远古人类的时空观念更具东方特色。“色”是具体物质的抽象，这也是一种能力的反映。春天，草木繁盛，放眼望去，一片青绿色，这样，远古的人们以“青”来概括春。夏天，烈日炎炎，庄稼和野生植物都熟了，果实的金黄色充斥宇间，远古的人们以“赤”来概括夏。秋天，落木萧萧，群英凋谢，天宇间似乎多了一份空白，于是，远古的人们以“白”来概括秋。冬天，日短夜长，转眼间黑暗就笼罩了大地，远古的人们就以“黑”来概括冬。其实，四季运行过程中都是各色俱全的，只是某一季节某种色彩被造化特别的强化罢了,原始的先民能抓住某一季节的主色调加以联想,本身体现了人类比之其他生物的高明处。

后来的五行说,则是人类联想思维的更上一层楼了。由春季,东方,联想到“木”;由夏季,南方,联想到“火”;由秋季,西方,联想到“金”;由冬季,北方,联想到“水”;由四季,中央(中方),联想到“土”。原来是东、西、南、北四方,配以四季,现在是东、西、南、北、中五方,单个的四季之外又加一个全天候的“四季”,配以金、木、水、火、土,这样,我们远古人类的思维越来越完备了。当然,我们今天看到的五行学说,不少是后人加工的,但毋庸置疑,其思想源头是在远古的。

当然,远古人类的时空观是朴素的,现在看来又是非科学的,它终究只是反映了原始人的“狭隘而愚昧的观念”(恩格斯语),但是,正像不少专家指出的,从更深层看,它“是对太阳运动为基准的时空坐标的神秘表述”(叶舒宪:《中国神话哲学》),从中,我们可以隐约看到某种超前智慧的闪光。

世界屋脊上的远古定居者 卡若文化之谜

西藏高原位于我国西南边疆，全境海拔平均高度在4000米以上，号称“世界屋脊”。在高不可攀的“世界屋脊”上，在生产力十分低下的远古时代，也许是荒无人烟的吧？不，考古发掘给我们提供了这样一条线索：早在旧石器时代晚期，即公元前三四万年前，这里就有原始藏民生息于斯，繁衍于斯，发展于斯，他们生活的高度最高攀登上了海拔6200公尺。到了公元前3300年上下，原始藏民在海拔3100公尺的卡若地区定居了下来，一住就是1200年左右，创造了光辉灿烂的卡若文化。

上个世纪70年代，在距昌都县县城只有12公里的卡若地区，准备建造一个水泥厂。在挖掘中，发现有不少陶器碎片。人们觉得奇怪，有谁把那么多破罐子扔到这样荒僻的地方来的呢？不对！谁都不可能把破罐子扔到这里来的！会不会是先民们留下的遗物呢？人们想对了，这的确是远古先民留下的遗物。经过发掘证明，早在公元前3300年前，卡若人就在这里创造了光辉灿烂的远古文明，为高原地区的文明史写上了重重的一笔。

定居的重要标志是住房。卡若文化早期房屋建筑有三种。第一种是圆底房屋，共发现10座，特点是屋子的居住面微微下凹，周沿与地面相连，最凹处在房基中部。这种房屋面积不大，一般在10～16平方米左右。第二种是半地穴式房屋，有十二座，均为方形或长方形。第三种是地面起建的房屋，共六座。这类房屋一般比较大，有20～30平方米，最大一座双室房近70平方米。地面很考究，先铺圆木、小石子或红烧土，再抹草泥土。

最有特色的是卡若文化后期的半地穴石墙房屋。这种房屋在建材上大量采用卵石，说明卡若人在改造自然上又大踏步前进了一步。卵石是西藏高原随处可见的资源，以这种材料建房，既省力又省时，又经济实惠，还能使所建房屋与外界自然混成一体。这种建筑风格影响深远，一直延伸到当代西藏的民居。

在卡若，还发现了两条石路，残长为4米和5.4米，路宽分别为2米和0.6米。

在卡若，发现了三段石墙，其中一段长8.6米，底宽有2米，上部略窄，残高不到1米。

在卡若，还发现有石圆台和石围圈。石圆台有两处，用大块卵石围成一个直径约2米的圈，中间填以小卵石和碎石头，高度约25厘米。考古学家认为，这可能是进行某种宗教仪式的场所。

在卡若，出土的生产工具有8000多件，其中石器占95%以上，其余为骨角器和陶制工具。

在卡若，考古工作者在一些房屋遗址中发现有大量粮食朽壳和碳化谷粒，经鉴定为粟。粟作农业经济在卡若人生活中占有十分重要的地位。

在卡若，发现了大量动物遗骸，经鉴定有猪、狐、獐、马、鹿、羊、青羊、牛、兔、鼠兔、家鼠等。猪骨比野猪的个体要小,牙齿构造也比野猪简单,应为家畜。可见,家畜饲养已相当发达。

人们对卡若文化发生了极大的兴趣,提出了不少发人深省的“为什么”。

人们首先想到的是,这些卡若人是土居的,还是来自他方?《新唐书·吐蕃传》认为:“吐蕃本西羌属。”按照这种说法,那么,西藏居民当是从北方迁去的。但是,卡若文化以及西藏其他旧石器文化和新石器文化的发现,本身就说明西藏居民有着非常悠久的历史。白著《中国通史》认为:“西藏居民有自己悠久的历史和自身发展谱系,并不是从外地迁来的。但如果说在发展中曾受过北方民族的影响,甚至有部分羌人或氐人南下西藏,从而造成文化乃至种族的某种融合,那倒是符合历史实际的。”

另一个疑惑是,到了近现代,西藏不少地方仍然是无人区,为什么倒在远古时代的先民能在海拔如此高的地域安然生存下来?对此,不少地质学家和历史学家是从地理环境条件的变迁角度作解释的。

西藏高原是新构造运动时期逐步隆起的。据研究,最近 10 万年便上升了 1500～2000 公尺,最近一万年上升了 200～300 公尺。因此,可以肯定地说,西藏史前期的自然地理条件要比现在好得多。大约到中晚更新世,藏北高原还曾有一个很大的淡水湖,这个湖可能东西有 200 公里,南北有 40～60 公里。到全新世早期,藏北的气候要比现在温暖得多,至少要高 3～5 ℃。现在的干寒气候主要是在新冰期到来以后(距今约 3000 年)才逐渐形成的。这样看来,处于高原的卡若人生活条件比一般平原地带要艰苦些,但绝没有后来那样艰难。

那么,当时的卡若人是否处于一种与世隔绝的境况之中呢?不是。这可以从遗址的种种器物中得到证明。

卡若细石器中的锥状石核和柱状石核，以及从这些石核上剥离下来的细长石叶，在藏北高原有较多发现，也同样见于甘肃地区的马家窑——齐家文化系统。卡若文化的磨制石器中颇有特色的长条形石斧和石锛，也见于马家窑——齐家文化系统。卡若遗址多木骨泥墙平顶房屋，马家窑——齐家文化系统亦如此。卡若文化与马家窑文化年代相仿，相隔也不怎么远，十分明显相互之间存在着某种联系和影响。特别是卡若遗址中发现了许多粟的朽灰和碳化物，而粟作农业历来是中国北方的传统农业，南方历来种稻而不种粟，卡若粟作农业很可能受马家窑文化影响的结果。

卡若文化对四川和云南的新石器文化具有明显的影响。四川岷江上游汶川、理县的条形石斧、石锛，西昌礼州遗址的半月形石刀，都是卡若文化中常见的。云南滨川白羊村的平背弧刃半月形石刀、条形石斧和石锛、宽叶形石镞，以及木骨泥墙平顶房屋，全都脱胎于卡若文化。卡若文化通过澜沧江、金沙江河谷，影响着云南及南方其他地区的新石器文化。

十分有趣的是，在卡若人的项饰中，发现了贝饰十枚。这十枚贝饰系宝贝穿孔而成。宝贝无他出，在西藏附近只能产于南海。南海的宝贝，进入卡若人的饰品中，可见当时卡若人就存在着远地交换关系。

最后一个谜是，起于公元前 3300 年的卡若文化，经历了 1200 年的繁荣以后，到公元前 2100 年前后，就销声匿迹了，这是什么原因造成的呢？这只能从灾异角度去作解释。可能在公元前 2100 年前后，西藏高原地区发生了一次大的气候变迁，昌都地区再也不适合于人类的居住了。卡若人受了大自然的重创以后，只有选择远走他乡之路。他们到了何地呢？这可能是一个永远解不开的谜。

专业的巫师阶层

最原始的卜骨，专用的祭祀大屋，规模宏伟的祭坛，神庙，特殊人群的墓葬，这一切，都告诉人们：祭祀活动正在成为晚期原始人日常生活中的一件重要事情。而祭祀的活动的复杂化、程式化，又似乎在告诉人们，此时，主持祭祀活动的巫师正在从业余走向专业。

巫师是指原始宗教中的神职人员（专业的或非专业的），他们被认为具有交通神灵和要求神灵为人类服务的能力而被人尊敬和敬畏。从事这一行当的男女都有，世称“男觋女巫”。他们通过占卜、治病、祓禳、祈福等手段，实现与鬼神交通。其鬼神交通的方法有二：一种是请神附身，巫师代表鬼神说话，《国语·楚语》中说“巫，见鬼者。”指的就是这种情况。另外一种是巫师的灵魂进入另外一个世界，找到鬼神并与之交涉。无论哪种方法，巫师都要进入通灵状态，才能运作其业务。

文化人类学家认为，巫师是“世界上最古老的一种职业”。

这一最古老的职业的发展似乎有一个从业余走向专业的过程。《国语·楚语下》形容原始社会中曾经“民神杂糅,不可方物;夫人作享,家为巫史。”说明了当时巫业的业余性和普遍性。所谓“家为巫史”,指的是家家人家都在按照自己的意愿进行具有巫术性质的仪式,但不统一,不规范,也不专业。那当然不行,经过几千年甚至上万年,才逐步走向规范,走向专业。才出现了专门从事巫业的巫师和巫师集团。

从种种迹象看,大约到公元前3000年,专业的巫师形成了。

甘肃秦安大地湾专用宗教殿堂的发现,清楚地告诉我们专业巫师的存在。

大地湾901号房子的前堂建筑极为讲究。该宅宽16米,进深8米,面积在130平方米上下。从正门进去,迎面有一个大火塘,直径超过两米半。这显然不是一般供炊事之用,可以肯定是燃烧宗教圣火的处所。火塘后侧有两个相对称的顶梁柱,柱径约90厘米。南北墙壁上各有8根扶墙柱,柱径有40～50厘米。地面、火塘表面、柱子、墙壁、房顶,都抹上用料姜石烧成的灰浆,显得十分洁净明亮。房子前面有一个约130平方米的地坪,有两排柱洞,每排6个,柱洞前有一排青石板,也是6个,西边还有一个露天火塘,显然也是点圣火所用。房内出土有直径46厘米的四足鼎、畚箕形陶器、平底釜,这在一般住房中见不到,足以证明是宗教用房。

有如此大型如此华丽的专业宗教性殿堂,没有专业的巫师怎么行?

辽宁的红山文化中的大型祭坛的发现,进一步证明祭祀活动的专业化。

红山祭坛坐落在一山梁正中缓平突起的台地上,长约60米,宽约40米,四周为开阔的平川地,一望无际。祭坛基址内上部堆积黑灰土夹碎石片层，下部为黄土堆积，底部为平整的黄硬土面，间有大片红烧土面。在黄土堆积的上部用石块铺砌而成，周围以石片镶边，右圈内铺一层大小相近的河卵石，是特意从山下河川中拣选来的。这一石建筑祭坛十分讲究，其中还有专用作祭祀的陶制品，以及用作祭祀的陶塑人像。专家考证表明，这一神坛上人们用以祭地母神，祭农神和水神，还祭生育神，那么多臀部肥大的孕妇塑像，证明红山人对于妇女生育的重视。

红山专用祭坛的发现，更具体地证明专业祭师的存在。没有专业祭师，那样复杂的祭祀活动怎么开展得了呢？

琮身浮雕神人兽面纹（摹本）

浙江余杭瑶山祭坛及其墓葬，更是以雄辩的事实说明专业巫师的存在。

瑶山是一个海拔仅35米的小山包，背靠天目山的崇山峻岭，面对广阔的冲积平原，风水十分的好。整个瑶山顶部，没有发现人类居住的遗址，但在用砾石砌筑成的面积约400平方米的方形祭坛上，整齐地排列有12座墓葬。这12座墓葬，按排列顺序又可分为南北两列。各有随葬品，多者达160件，少者仅有12件。

在瑶山正式发掘的11座墓葬中，共出土随葬品707件，其中玉器就占了635件，可见这些人生前的威势和权力。在出土的玉器中，有琮、钺、冠状饰、三叉形饰、锥形饰、牌饰、璜、圆牌饰、镯、带钩、管珠串饰。特别值得一提的是，以玉器随葬，有明显的男女之别。所发现之

27件玉琮,无一例外的出自南列各墓;玉钺共发现6件,也是南列的墓葬中物,三叉形器出土6件,同样出自南列墓葬,每墓一件,出土位置在于死者头部;锥形饰58件,成组的也出于南列各墓。玉冠状饰各墓一件,璜9件,出于北列各墓中。玉纺轮2件,全出于北列墓中。

由这些,可以十分明确地作出推断:这是一处男觋女巫的专用墓地。南列为男觋墓葬,北列为女巫墓地。这些男觋女巫生前率领部族成员共同在此祭天礼地,供奉神灵,死后,就埋葬在这块宝地,接受后人的膜拜和祭奠。墓葬中的大量玉制品,说明他们的地位是十分崇高的。

这样的情况还真不少。在余杭汇观山同样发现了祭坛和大墓。整个祭台利用自然山势修筑而成,基本上呈正南北方向,为东西长、南北窄的长方形,总面积达1600平方米。在祭坛的西南部,有4座大墓,墓中出土有琮、璧、钺、三叉形器、冠状器等重要礼器。这也可视为是男觋女巫的尊贵墓地。

在中原龙山文化的山西襄汾陶寺墓地,共发现陶鼓6件,其中四件完整者有三件出自大墓,一件出自中墓。陶寺的大、中型墓墓主的身份属于氏族上层人物,而陶鼓又是那时巫师手中用品,由此可见,当时的巫师已经进入社会最上层,有的则与氏族首领是一身而二任的。

早在1931年,中国社会学的先驱李安宅先生即曾经精辟地指出:原始社会的宗教职业者,凭着自己的机巧,由着私巫变成公巫。及为公巫,便是俨然成了当地领袖。领袖的权威越大,于是变为酋长,变为帝王——酋长帝王之起源在此。李安宅先生的说法是有一定道理的,在人们普遍相信鬼神的远古时代,能够通鬼神的巫师的地位一定是很高的,至少有相当一部分部落首领由他们转化而来。

巫师手中的法器

龟灵崇拜之谜

巫师施行法术，手中要有法器。也许是经过千百年的摸索探寻，人们最后把目标集中在龟甲上。人类在蒙昧初开的远古时代，对天地自然中无穷奥秘难以索解，认为只有神祇能通判一切。人不能如愿时，便祈祷神的赐命；人如愿时，就祭谢神的恩德；人迷惘时，便祈请神的启示；人追悔时，就祈求神的宽宥。那么，人怎么知道神的意愿呢？只有通过巫师。巫师如何通神呢？通过对龟甲上爆裂之"坼"的解读。问题在于：人们为何最终选择龟甲，而不是其他，这确是一个值得研究的谜。

人们并不是一开始就使用龟甲进行占卜的。相传，伏羲氏受到龙马负图的启示，"始画八卦，以通神明之德。"说明早在母系氏族之时，先人已发明了用"祝蓍"的方法占卜吉凶和取舍。后来，神农氏"以火德王"，并发明了用火占卜的办法。当时的人们，把火看成无比神圣的东西，氏族内集会都要点起篝火，围火而议。当氏族面临某种大事件的时候，聚集的人越多，火也便越旺。旺火经常发出爆裂的声响，人们把这爆裂的火花，称作“火爆”，并常常把这与火爆后发生的大事联系起来。由此发展，人们便有意识地烧烤竹节、兽骨，使之爆裂，预卜一件事的成败。如果发出清脆响亮的爆裂声，即是“贞”，事情可成；如果发出低细微弱的声响，即是“不贞”，事情难成；如果烧后没有任何动静，便是不祥之兆。

也许，人们寻找过许许多多的烧烤物，最后一致地把目光集中在龟甲上。

在我国古代的神话传说中，认为人赖以生存的大地是由四只巨鳌(神龟)驮着的，没有这些巨鳌的负重爬行，大地就会沉没，人类就会覆灭。神话认为，龟的背甲上印着玄天的奥秘，龟的腹甲上印着地上的以及人间的奥秘，龟自然成为了明天地、通鬼神的灵物。所以，人们选用龟的腹甲，钻孔烧灼，视爆裂之“坼”以断吉凶。

中国传统中将龟、麟、凤、龙称为四灵，而以龟为四灵之首。为什么这样看？其中一个原因是它寿命之长。龟能长寿，至少在百龄以上，龟王则可寿在千年。龟寿长，则阅世深，阅世深，则知古今，明祸福。于是，当人们在生活中事有疑难时，就自然而然地会想到去“合龟兆，视吉凶”，(《左传·昭公五年》)，实际上是向寿年长久的龟请教。《淮南子·说林训》解得好：“必问吉凶于龟者，以其历岁久矣。”

“合龟兆，视吉凶。”从实际情况看，在逢吉时，龟卜不常用，只有在逢凶时，才去“合龟兆”，目的当然是避凶就吉，或化凶为吉。而龟本身是化凶为吉的高手。“龟藏六”这一成语说的是：龟在遇到危险时，就将首、尾、四足六肢体藏入甲中，这是龟的本能，也是龟这一灵物的灵性所在。人们进行龟卜，也想从龟的灵性中学得如何进行“龟藏”的本领。

总之，龟灵崇拜具有一定的必然性。当时的先民一定以为龟最善晓人意，又能通天地之灵，在动物中又最长寿，于是，以其腹甲进行起龟卜来了。久而久之，龟卜被赋予神秘的文化内涵，并成了巫师手中的法器。

河南省舞阳县贾湖村发现的贾湖文化，距今约8000年前。贾湖遗址出土的龟甲主要是随葬龟甲，另在房基和灰坑下面也发现了零星出土的龟甲。在清理的349座墓葬中，共有23座墓随葬龟甲，其中有些是随葬成组的背腹甲扣合完整的龟壳，还有随葬龟甲碎片的。在龟甲中内装有数量不等的石子。那么多的龟甲碎片，完全可能是烧烤占卜的结果，而那各色的石子也是卜筮习俗的反映。这说明，早在8000年前，先民就有了龟灵崇拜的观念，也有了以龟甲作为卜筮法器的认知。

此外，在山东和江苏大汶口文化墓地中，都曾发现过一些以龟为随葬的例子。在山东大汶口的11座墓葬中出土龟甲20个，江苏邳县刘林9座墓中出土龟甲13个，大墩子15座墓中出土龟甲16个。另外，在四川巫山大溪文化墓地，也发现有4座墓随葬有龟甲。龟甲的四面八方被发掘出来，至少打破了"卜骨仅见于黄河流域的文化遗存中，长江流域及其以南似乎主要用玉琮为法器沟通神人之间关系"的观念。

龟甲崇拜与玉石崇拜是并不矛盾的。中国将宝龟与宝玉历来视为国之两件重器，而把"龟玉毁于椟中"视为一种极大的伤心事。可是，我们处于远古时代的先民就是将这两件重器合而为一，刻成"玉龟"。浙江友山出土的玉龟，系由黄玉琢出，长3.2厘米，龟体呈椭圆形，头部前伸，颈部圆滑平直，四爪蹬地，作爬行状，形态十分逼真，是龟崇拜与玉崇拜的最完美结合。

看来，以龟甲为占卜法器大盛于商代，而起始点则在远古时代。

卜骨有使用龟甲的，也有使用其他兽骨的。有人以为，是因为龟骨缺乏,才使用兽骨的。事实并非如此,在中原龙山文化和齐家文化遗存中,不少卜骨是使用了牛、鹿、猪、羊的肩胛骨。仔细地看,那是进行较为简单的某种占卜用骨,如果进行较为复杂的、隆重的占卜,还得用龟甲,诚如牟作武先生在《中国古文字的起源》一书中说的:“用牛的胛骨占卜,不能代替龟卜。骨卜是一种单项占卜的方法,并非在没有龟甲的情况下便使用牛胛骨或其他兽骨代替。龟甲有综合预测的功能,即所谓可祈、可问、可兆、可示。”

传世的龟卜,程序相当繁复,大致应分为选龟、攻龟、灼龟、占龟、占坼、断卜六项。先是选龟。并不是所有的龟都可成为卜龟,必须从色泽、品类、年岁等角度去加以选择。然后是攻龟,即把龟杀死后取其龟板,去除其甲胶,磨光磨亮以备用。灼龟,是指根据卜问的内容,选择不同的部位,钻上孔洞,或在这些部位粘上易燃物质做成的灼丸,以待烧卜。占龟是指使用一定的火候进行烧烤,使龟甲表面出现种种颜色深浅不一的灼号和错综复杂的纹路。占坼是依据契孔和灼点爆裂时产生的裂纹“坼”来判断吉凶。断卜是依据占龟之声,占坼之形,综合判断占卜结果,采取应对措施。这是商代占卜鼎盛时的情形,在原始社会应该程序没有这么复杂和完备,但总体的思路和方式方法是一致的。

远古时代的祭祀卜筮活动,是社会生活的重要内容,而神圣的龟灵在其中起的作用是相当巨大的。

天体崇拜

太阳崇拜之谜

在新石器时代的遗迹、遗物中，人们发现了不少有关太阳崇拜的图像。这些图像主要见于原始社会的陶器纹饰中，也见于当时的岩画中。在一些地方，出现了圆圈形太阳纹，在另一些地方，则有着日鸟结合的图像，还有一些地方，则将太阳人格化了，形成以人貌出现的太阳神图案，而有的则较为写实，让人跪倒在太阳下面，形成一幅十分传神的拜日图。在这种种图像的后面，深藏着一个又一个的谜：原始人的太阳崇拜观念是怎么形成的？又是怎么发展的？日鸟结合的图像说明了什么？拜日与拜天在观念上有什么不同？这些都值得我们去深思。

在新石器时代的中晚期，太阳图案普遍出现于先民的遗迹中。

以圆圈或中间加圆点表示太阳的图案发现比较多，地域范围也较大。在中原区的仰韶文化彩陶中，有这类太阳图像，在山东地区也有这类太阳图像。当然，图像还是很不相同的，发挥了各地先民的想象力和描绘力。在河南郑州大河村出土的彩陶中,太阳被画成一个圆,外加射线。在长葛石固遗址出土的彩陶中,发现有六角星图案。在山东邹县野店发现的彩陶中,太阳是圆加八角星图案。在长江中游地区的大溪、屈家岭文化的陶纺轮上,太阳多绘出十字或漩涡状图案。

这些太阳图案都是以人对太阳的印象为前题的。其图案应当说既是写实的,又是印象的。

另一类太阳图像是日鸟结合式的。

在陕西华县泉护村、河南陕县庙底沟、晋西南大禹渡等遗址出土的陶盆腹部。绘有日鸟结合的图案。泉护村遗址的图案绘出了展翅飞翔的鸟,鸟的背上有一圆圈表示太阳。陕县庙底沟遗址发现的彩陶盆上,上为圆圈表示太阳,下有一鸟,呈正面飞翔姿态,鸟有三足。在长江下游河姆渡文化发现了双鸟图形,在鸟身上部,刻出圆圈形的太阳纹。

对于鸟日结合的图案,有种种解释。

有人认为,发现日鸟结合的图像,大部分在黄河中下游地区,这显然与这一地区的图腾有关。史料记载,在古代东方,有一个以鸟为图腾的方国。《山海经·大荒东经》:"东海之外大壑,少昊(皞)之国。"《左传》:"少皞挚之立也,凤鸟适至,故纪于鸟,为鸟师而鸟名。"黄河中下游,尤其是黄河下游的鸟日结合图案,与少皞氏部族以鸟为图腾有关。这一图案似乎在告诉人们:我们这个以鸟为图腾的方国是崇拜太阳的。

还有种观点以为,华夏民族在文明初期极崇拜蛙与鸟。在神话中,鸟即为太阳神,而蛙为月亮神,它的发源地可能在黄河上游地区。如果鸟为太阳神的话,那么鸟日合一本在常理之中了,而这鸟作为神化的太阳,又高于具体的太阳了。

太阳崇拜是怎么回事?答曰:它是原始农耕文化的产物。

太阳崇拜是天体崇拜的中心内容。天体崇拜包括对日、月、星辰、风云和雷电的崇拜，当然也包括对上天整体的崇拜。对农业部落来说，天体，尤其是太阳，明显地影响着农作物的收成，进而关系到人的生存和发展。作物的生长需要足够的光照，就得由太阳神来照料，而光照又不能过分，如果烈日炎炎，风不顺，雨不调，又会造成农业歉收。太阳崇拜实际上本身包含着对天体整体的崇拜，甚至可以说是自然崇拜的高度升华。

太阳崇拜也有一个发展过程。开初的太阳图案中，是没有人的形象出现的。似乎神化的太阳是十分高尚的，人不配进入其画面。而鸟日同图，那是因为那鸟被神化了的缘故。后来，人进入了太阳

各地岩画中的太阳神崇拜图

的画面，成为了人日同图，这是人对自身地位认识提升的结果。

人日同图也有积极和消极之分。

在内蒙古阴山地区的古代岩画中，有一幅拜日图十分传神：一壮年男子双膝跪地，双臂高举，手捧礼器，正在向正前方的太阳顶礼膜拜。虽然岩画没有绘画出那男子的脸部表情，但从整个身体姿态看，是战战兢兢的。似乎在告诉人们，只有拜日，才能使日神赐福于人。

但是，也有不少人日同图的画面是相当积极的，表现了一种人可以有所为的精神境界，从时间上看，也许更后起吧！

在广西花山岩画中，绘有许多人围绕太阳跳舞的场面，跳舞的人群中，或为人首，或为鸟首。其中有一人还用手托着光芒四射的太阳跳舞呢！

在云南沧源岩画中，有三个太阳神图案。其中第一个为一人叉腿、伸臂，在人的上部，画一大圆圈，圆圈四周是四射的光芒，光圈中人一手执弓，一手执棒状物，可能是箭。第二个为人身，头部为一大圆点，圆点四周放射光芒，人一手执盾，一手执刀状物。第三个人形，双手叉腰，头部饰羽毛或植物枝条，肩部伸出一棒状物，在棒前部有一光茫四射之太阳。

四川珙县的九盏灯、猪门圈、狮子岩岩画中，人们双手或单手举起“十”字状的太阳，人表现得十分神武和威严。从拜日，到托日，这在太阳崇拜过程中人的观念上的一个不小进步吧！

由神到人

“黄帝四面”之谜

黄帝是谁？恐怕谁都会说，是中华民族的始祖。这当然是不错的。但是，如果加以深究，对黄帝的诠释不是一元的，而是二元的。在很古很古的时候，黄帝被人们想象成一个无所不能的神，“黄帝四面”的初始就是一个神的形象。后来，——不知起于何时，作为神的黄帝被人重塑，演化成了人的黄帝，对“黄帝四面”之说也作了全新的解释。

在陕西省黄陵县县城北一华里处，有一座不高的山叫桥山。桥山上古柏成林，郁郁葱葱，气象万千。桥山顶上有一座高大的陵墓，那是传说中的中华民族的人文之祖黄帝的陵墓。

黄帝，在《史记》中被说成是“生而神灵，弱而能言，幼而徇齐，长而敦敏，成而聪明”的异人，圣人。他“披山通道，未尝宁居”，他“时播百谷草木，淳化鸟兽虫蛾”，“节用水火材物，劳勤心力耳目”，是中国许多发明创造的肇始人物。

我们要问的是，黄帝的形象历来如此的吗？不少史料证明,并非如此。

至少,在原始社会时期,或者说在原始社会末期,当时的先民塑造的黄帝的原型不是这样的。当时的黄帝是一个神,而不是人。

在《太平御览》引佚书《尸子》中有那么一句话:“子贡曰:古者黄帝四面,信乎?”这里,首次提出了“黄帝四面”这样一个十分敏感的问题。但是,何谓“黄帝四面”? 解释有种种,由于其他书中都没有提到这个问题,因此谁都定不下来。可是,到了20世纪70年代,长沙马王堆三号汉墓出土了战国佚书四种,其中《十六经·立命》篇明确记载了黄帝的奇特模样,“方四面,傅一心。”这是讲挂在黄帝庙(明堂)中的黄帝像,这个黄帝像有着四张面孔,这一点看来是没有问题的。

“黄帝四面”因为没有具体的说明,就成了一个久悬不决的谜。但,在世界神话之林中,不乏“四面神”的形象,可为参考。

梵天是印度教万神殿中的主神。梵天据传产生于最高神本身,是智慧之神,创造之神,一切生物的始祖。梵天被描绘成有四个脸的神物,各个脸面向一方,各掌管着宇宙的四分之一。

在《旧约·以西结书》中,记录了以西结亲眼见到的耶和华显灵的情景,那也是“四个脸面”的神:

> 我观看,见狂风从北方刮来,随着有一朵包括闪烁火的火云,周围有光辉,从其中的火内发出好像光耀的精金。又从其中,显出四个活物的形象来,他们的形象是这样的:有人的形象,各有四个脸面,四个翅膀,在四面的翅膀下有人的手。至于脸的形象,前面各有人的脸,右面各有狮子的脸,左面各有牛的脸,后面各有鹰的脸。

人类的灵性往往是相通的。我们可以设想:“黄帝四面”的四张脸,完全可能像印度神话中的梵天一样一面代表一方的智慧和创造之神,各各掌管“宇宙的四分之一”。至于具体“四面”的形象,那可以不同,也是不重要的。“黄帝四面”也可能像耶和华显灵那样,为人脸、狮子脸、牛脸、鹰脸,实际上也是主宰生物界的一切的意思。我们还可以设想,“黄帝四面”会不会是一张脸是喜,一张脸是怒,一张脸是哀,一张脸是乐,囊括世间“四情”。当然,“黄帝四面”还可以作其他想象。

据说,从神学(或神话)角度看,“四”是一个神秘数字。“三”是动态完美的象征,“四”则是静态完美的意象。四域、四方、四联神、四相神、四季、四时期、四元素、四方形,还有那“伸向四方的十字架”,都代表着一种静态的、永恒的完美。“黄帝四面”代表的主旨当然也应该是一种完美,一种至高和至上。

但是,经过若干时日以后,随着人类的进步,人们的需要从虚幻走向更多的现实。人们对黄帝也进行了改铸,“黄帝四面”仍然是“四面”,但解释是不同了,向现实转化了。《尸子》中的那段话是这种转变的反映。

> 子贡曰:“古者黄帝四面,信乎?”
>
> 孔子曰:“黄帝取合己者四人,使治四方,不计而耦,不约而成,此之谓四面。”

孔子对“黄帝四面”作了现实主义的解释。在他看来,“四面”不是四张面孔,而是四个“方面”、“方位”,四个方面的“四人”,这四人配合得很好,很有成绩,因此称之为“四面”,这样,“神话变成了历史。”(叶舒宪:《中国神话哲学》)黄帝也走下神坛,回到了人间。

写《史记》的司马迁对孔子的对“四面”的诠释心领神会,在此基础上,把人化了的“四面”说进一步实化,他在《五帝本纪》中写道:

“举风后、力牧、常先、大鸿以治民。”“四面”变成了四个人，而且是有名有姓的四个人。其实，这四人都具有象征意义：“风后”，指像大风一样能吹去天下尘垢的人；力牧，指尽力于管理民务的人；常先，指常能为天下先的人；大鸿，指具有鸿大志向的人。这些人同心合力，成为黄帝的“四面”。

黄帝形象的由神到人，可能出现在由原始社会走向文明社会的转折关头。从黄帝算起，说中国的文明社会是上下五千年，是贴切的。

黎民和百姓

部族征战之谜

黎民和百姓，在现代是两个同义的词儿，一般的词书也都不加以区分。但是，如果将历史上溯到原始社会末期的炎黄时代的话，那么，你就会发现一个惊人的事实：二者之间存在着明显的差异和区别，在一段时间里甚至存在着你死我活的争斗。这是怎么回事呢……

直到距今五六千年之前，我们广袤的祖国大地上，还是“万国林立”，这“万国”之间你争我斗，战事连连。当然，这里所说的“万国”充其量也无非是众多的部落和部落联盟。他们之间不断地斗争和兼并，最后在黄河流域形成了几个较大的部族——黄帝部族、炎帝部族、夷族和九黎族。经过多年的征战和融合，最后形成了以黄帝为主、炎帝族和夷族为辅的部落联盟，它的对立面就是强大的九黎族。

九黎族也是一个强大的部落联盟，他的部落联盟长是著名的蚩尤。所谓“九黎”大约是指部落联盟下属的九个部落，每个部落下又有九个氏族，这就是所谓“蚩尤兄弟八十一人”。这个部落联盟的人不只强大，而且凶猛，《史记》

上是这样描述的:“兽身人语,铜头铁额,食沙石子,威振天下。”这既是丑化,又是神化。从黄帝族角度看,对手是不简单的。

面对如此强悍的敌手,一方面黄帝族团结了更多的人,把蚩尤族孤立了起来。同时,军事上作了充分的准备,“习用干戈,以征不享”,等到时机成熟,就给九黎以致命的一击。

关键的战役是“涿鹿之战”。涿鹿在今河北涿鹿县,是个战略要冲之地。黄帝族联合了神皇(神农)余部、力牧(西羌首领),调动胞族中的一些勇猛的氏族做先锋。而蚩尤部由于广泛使用了金属武器,在战斗力上一度占上风。黄帝充分利用了天气条件,给了蚩尤以致命的打击。蚩尤战败后,出逃于冀州之野,最后为黄帝所杀。

参与这场与九黎族大战的黄、炎、夷三个部落的氏族,至少有一百个。一百个氏族至少有一百个姓,因此被称为“百姓”。这些被称为“百姓”的人因为是胜利者,自然而然地成了贵族。不只原先的氏族首领成了贵族,就是氏族的一般成员也成了贵族,只是等级不同罢了。

而九黎人呢?上面已经说了,蚩尤是被杀了。可是,黄帝并没有因为他的被杀而贬低他。相反,把他当作一个英雄来看待。《史记·正义》引《龙鱼河图》文云:“蚩尤没后,天下复扰乱,黄帝遂画蚩尤形象以威天下。天下咸谓蚩尤不死,八方万邦皆为弥服。”请注意:黄帝把蚩尤像拿出来,并不是为了示众,而是把他作为英雄来崇拜的。“蚩尤不死”,在黄帝看来,英雄是不死的,这又是何等的大气呵!

而九黎人的一般成员就没有那么的幸运了。他们中的不少人成了黄帝族的俘虏。当时在野蛮的部族里,俘虏大多是会被杀了的,可黄帝族相对来说要文明开化得早些,因此他们把九黎族的俘虏留存下来,让这些人在家里或在田野里日夜不息地劳作,这实际上成了日后说的奴隶。黄帝族这样做，也正好说明了中国社会离阶级社会的门槛不远了。

有人以为，开初也许没有“黎民”这个称谓，只是后来这些人整日里在野外劳作，被太阳晒得黑黑的，明显不同于作为贵族的“百姓”，于是，人们就称其为“黎民”了。“黎”者，黑也。“黎民”，即浑身肤色呈黑色的人，正像我们现在看到皮肤黝黑的人起绰号为“这黑大汉”一样。

但是，事情也不是一成不变的。时过境迁，星转斗移，“百姓”与“黎民”之间的界线渐渐被岁月的尘埃所埋没。当时的战争实在太多了，而且战争对于一个人、一个部族的意义实在太大了。一些“黎民”在战争中立了功，那也就可以从“黎民”上升为“百姓”。反之，一些人由于在战争中的失误或其他种种原因，也可能从“百姓”沦为“黎民”。久而久之，这两个称呼就自然而然地合为一体了，这个过程大约延续了好几百年。

陶寺大墓

帝尧古都之谜

帝尧是五帝时代的第四帝。史书上说,帝尧于陶唐,以平阳为都。帝尧是一个很有权威的领袖人物,“其仁如天,其知如神,就之如日,望之如云。”把领袖看成“天”,看成“太阳”,看成“神仙”,这只有在原始社会向阶级社会转型期才会有。他“富而不骄,贵而不舒”,从中可见其时已有贫富之分,贵贱之别。当然,这只是依据传说写下的文字记载,究竟如何,似乎还难以定夺。而位于晋西南临汾盆地的陶寺大墓的发掘,使人想到号为陶唐氏的帝尧,想到帝都平阳,想到当时的贫富分化,……

考古发掘把我们带到了位于山西襄汾县城东北约 7.5 公里的陶寺村。在这里,发现了一座极大的龙山文化遗址,遗址东西长约 2 公里,南北约 1.5 公里,总面积达 300 多万平方米以上。其中陶寺墓地超过了 3 万平方米,共有大小墓葬 1000 余座。

从陶寺遗址的规模、气派,从陶寺遗址的地理位置,都会使人想到帝尧之都平阳。

陶寺文化遗址总面积达300多万平方米，这在整个龙山文化遗址中是首屈一指的。从遗址的建筑物遗存和墓葬情况看，陶寺居民人口少说也有4～6万之多。这在远古时代，只有帝王之都才会有如此密集的人口。

墓葬的级差深刻地反映着人世的级差。陶寺墓葬分为大、中、小三种，大墓长3米上下，宽2～2.75米。有木棺，内撒朱砂，随葬品多达一二百件。中型墓长2.2～2.5米，宽1米左右。一般有木棺，随葬成组的陶器及少量彩绘木器、玉石器及猪下颌骨等。有的还有保存较好的麻布殓衾等。小型墓绝大多数无任何葬具和随葬品，仅个别的有木棺，大部分无木棺。

大、中、小三种墓葬，反映了三个等级的人。三种墓葬的比例分别为1.3％、11.4％、87.3％。如果这真是帝都的话，贫民和平民占了绝大多数，贵族阶层也只占百分之十上下，至于帝王家的成员只占百分之一上下。这个比例也应当说是合理的。

特别应关注一下陶寺大墓。大墓一共只有数座，呈东西南北方向排列，稍有错落。随葬品十分丰富，有彩绘木案、俎、匣、盘、豆，木仓形器、木盆、彩绘陶器、骨匕、玉钺、瑗、玉柄、石斧、石锛、石镞、整猪骨架。特别引人注目的是，有5座大墓中出土了彩绘龙盘、鼍鼓、特磬、土鼓。

对彩绘龙盘，是特别值得关注的。盘的内壁经过磨光处理，弄以红彩或红白彩绘画出一条蟠龙。龙头在外，尾在中心。龙头方形，圆豆目，巨口，牙为上下两排，长舌外伸，无角，无爪。这种龙盘的规模很大，可能是一种祭品，如果龙为尧一部族的图腾的话，只有部族的头领才真正享有龙的化身的礼遇。

据相关文献记载，尧与龙原本有着不解之缘的。《太平御览》引《春秋合诚图》说："赤龙与庆都合婚，有娠，龙消不见，既乳祖尧，如图表。及尧有知，庆都以图予尧。"《路史》说"帝尧碑云：有神龙首出于常羊,庆都交之,生伊尧。”可见,尧被传说为是神龙所生,尧的部族又以龙为图腾,在墓葬中有龙的图案也就不奇怪了。

陶寺大墓中出土的鼍鼓,外壁底色被涂成粉红色或赭红色,并在底色上绘成黄、黑、宝石蓝等色的图案。鼍,原为扬子鳄的别称,扬子鳄为巨大动物,长可丈余,背、脊部有鳞片,眼大而凶狠状,吼声极为惨烈。后人们将其皮做成鼓,牢不可破,且声音如其吼声一样惨烈。因此,鼍鼓为帝王和诸侯专用。《诗·大雅·灵台》有“鼍鼓逢逢,矇瞍奏公”之句,是说鼍鼓置于庙堂之上,专门由矇瞍(上了年纪的有一定地位的老人)击鼓办公。唐代温庭筠有“鼍鼓三声报天子”的说法,可见,鼍鼓为“天子”的专用物。在陶寺大墓中有“鼍鼓”,可知其墓中睡着的当是尧及尧的继承者,看来是无疑的了。

特磐,是十分庄重的礼器。“特”在古文字中指公牛,泛指雄性的牲畜。以公牛状制成的乐器称为特磐。这是一种打击乐器,专在庙堂中使用,打击时会发出一种雄浑的雄性牲畜的声音,象征一个部族的雄健、有活力。它的拥有者,当然也只能是部族首领人物了。

土鼓为鼓的一种。据说这是一种极为古朴又极为重要的乐器。土鼓以瓦为匡(瓦,指陶器),以兽皮蒙于两面。这样的鼓据传可以“致敬于鬼神”。这可能是部族中的高级巫师使用的道具。

玉钺也是陶寺墓地的重要出土物品。玉钺呈垂直方向装柄,实际上是一种长柄的孔斧。在远古时代,这是一种兵器,又是一种“大辟之刑”的刑具。发现的实物大都刃部很钝,没有使用的痕迹,说明它渐次演变成了一种权力尤其是王权的象征。

上面种种,都用无声的语言在告诉人们:这里就是历史上的帝尧之都平阳,而睡在那些大墓中的,或是尧本人,或是他的承继者。

会稽计功

大禹鸟田之谜

站在会稽山巅，向北放眼远眺，只见山下一马平川，良田万顷，这里就是著名的绍虞水网平原，被称为绍兴第一粮仓。在这片"亩值一金"的土地上，湖泊星罗棋布，河道纵横交错，土地肥沃，田园成方。可是，有谁会想到，在远古时代，这里曾是"汤汤鸿水滔天，浩浩怀山襄陵，下民其忧"的处所。是大禹，来到这里疏通河道，引水直下大海，同时，平整土地，改造土质，使百姓解除忧患。千百年以来，大禹"教民鸟田"的传说一直震撼着越民的心。那么，何谓"教民鸟田"呢？大禹又如何"教民鸟田"的呢？为了解开这个谜，众多的专家进行了不倦的追索。

禹是中国原始社会末期的最后一个部落联盟首领，也是中国民众心目中第一个实实在在的民族英雄。据传，在舜时，实行"三岁一考功"的奖励制度，结果每次评出二十人中，都有禹的名字，而且大家一致公认"唯禹之功为大"。历代老百姓称禹时，不直呼禹，而呼之为"大禹"，在中国历史上，当得起这么个"大"字的，能有几人？

大禹之功，在于治水。帝尧时，“鸿水滔天，浩浩怀山襄陵，下民其忧。”尧让禹的父亲鲧去治水，结果九年无成，被杀。后来，众人举禹治水，禹忧民之忧，当时禹初娶涂山女为妻，儿子启刚生下，禹耳听“启呱呱而泣，而弗子，惟荒废土功”。（《尚书·益稷》）禹“劳身焦思，居外十三年，过家门不敢入。”（《史记·夏本纪》）后人称赞大禹之功，认为：“美哉禹功，明德远矣，微禹，吾其鱼乎？”（《左传·昭公元年》）意思是说，最应该表彰的是大禹之功，它的恩泽久远，如果没有大禹，我们这些人都将变成水中的鱼了！

禹之功不只在于治水，而且在于治水以后的发展农耕。据说，大水平定以后，大禹就“尽力于沟洫”。（《论语·秦伯》）也就是致力于整顿河道，使之能适合于农业生产，并且“禹稷躬稼而有天下”（《论语·宪问》），是说他亲自带领大家开垦荒地，种植庄稼，开荒，种地，需要劳力，于是禹“令民归于里闾，其德彰彰，若斯岂可忘乎？”（《吴越春秋》）他要求由于水患而流离失所的乡亲们各归自己的“里闾”，把自己的家乡建设好，这是最重要的。

禹功成后，铸九鼎作为立国重器，象征九州康泰平水，富盛繁荣。而九州之中，禹亲自垂范发展农事的，要数会稽一带了，这就是所谓的“教民鸟田”。

大禹治水了结于何处？这在史书上是有明确记载的。据传，禹治水毕，“会诸侯江南，计功而崩，因葬焉，命曰会稽。会稽者，会计也。”又说，“禹在巡狩，至于会稽而崩。”（《史记·夏本纪》）这就很明确了，大禹的晚年是在“江南”度过的，这个“江南”具体指的是“会稽”，即今绍兴一带 。所谓“巡狩”云云，实际上是考察，是指导工作。据司原迁掌握的资料，越王勾践就是“禹之苗裔”，“盖有禹之遗烈焉”（《史记·越王勾践世家》）。大禹的子子孙孙留在了越地了。

一些越地的地方志则写得更具体细致。《宝庆续会稽志》：“剡溪古谓之了溪,《图志》谓禹治水至此毕矣。”“了”,有完了,完毕的意思,“了溪”标志着全国治水可以“告功于天下”了。《嘉泰会稽志》:“禹疏了溪,人方宅土。”宅于属于自己的土地上,那是要有条件的,至少要征服洪水,大禹做到了这一点。《龙宫夺碑》:“沦海之隅,会稽巨泽,惟禹之功,人生始籍。”这也是讲大禹为世居于“会稽巨泽”边的人们创造了安居乐业的条件。《越绝书》称:“上茅山,大会计,爵有德,封有功,更多茅山为会稽。”与《史记》上讲的差不多,只不过把茅山与会稽串连了起来。

种种迹象表明,大禹在越地的确做了不少事,而最大的一件事莫过于“教民鸟田”了。

《越绝书》上说:“尚以为居之者乐,为之者苦,无以报民功,教民鸟田。”这是讲大禹的为人和业绩。大禹为了使广大百姓“居之者乐”,而甘愿当“为之者苦”,于是,就着手“教民鸟田”。何为“教民鸟田”呢?这倒要花一番查考才能搞清的。

关键是要搞清何谓“鸟田”。原来,在古代“鸟”与“岛”可互代。《尚书》中说到“岛夷”,在《史记》中都写作“鸟夷”,《辞经》的解释为:“古岛字写作鸟,读为岛。”大禹的“教民鸟田”,实际上应该读成和写成“教民岛田”。通俗地说,就是把“岛”开辟成为“田”。

古越地的会稽山下,有那么多“岛”吗?有的。地质学家证明,在当时的会稽山下有众多大小不等的沼泽平原,从南向北缓缓倾斜。南部高度可达十余米,北部沿海地带只有一至二米。平原内部除了纵横交错的河流和湖泊外,还有数百座崛起于深厚的冲积层上的孤丘,也可称之为孤岛的吧!这些孤岛原来是无人去耕种的,耕种后能收多少也是个问题。现在,踏遍了九州大地的禹发出了声音,一定要把荒岛变成良田。

大禹教民在孤岛上种植稻谷。由于这些土地都是生荒地,还没有经过施肥变成熟土,大禹就让大家采取古代沿用的种一年养一年,种一丘荒一丘的办法,实行轮作制的耕作方法。《越绝书》上说的“小大有差,进退有行”,指的就是轮作制。轮作过程中哪块地该进,哪块地该退,都得有个顺序,大禹是有经验的,他安排得井井有条。

古越民在大禹的率领下,“获鸟田之利”,有了成功的经验以后,大禹要他们“莫将自使”,即不要只看到自己的利益,要把“鸟田”实验推广开去,《越绝书》写道:“大越海滨之民,独以鸟田。”是说,越地海滨的老百姓,都以独特的方式进行鸟田,收到了意想不到的成果。后来,海潮后退,一个个的孤岛联在了一起,成为万顷良田了。可见,大禹对于古越乃至全国发展农业是起了很大作用的。

越地人民是不会忘记大禹的,他们用种种方式来纪念这位民族英雄。

越地人民在山阴县西北约45里处建造了禹庙。在会稽县东南七里处建有禹祠。在会稽县南12里处建有大禹寺。在会稽山上有大禹陵。另有禹穴一处,疑为大禹墓地,当年司马迁就“上会稽,探禹穴”。后有人说,禹穴为大禹藏书处。

另外,还有传说中大禹用过的石船、石帆、铁履、铁屐。还有大禹的珪璋璧佩,还有禹剑,还有禹井,禹饮泉,都是为了纪念这位远古时代的伟人。这些,也可看成是对大禹“教民鸟田”的一种回报。

神州重器

九鼎存亡之谜

鼎，原是一种平平常常的食器。三足，两耳，本体呈流线圆形。要蒸或煮什么东西的话，只要把食物原料放入鼎内，用火烤煮些许时间，就可食用了。也许是“民以食为天”的缘故吧，鼎不知不觉间异化为权力的象征，甚至成了神州重器。而在鼎之中，又以大禹铸九鼎为最著名。而一提起“九鼎”，又免不了疑云重重。九鼎它究竟存在不存在呢？如果真存在的话，为什么后世几乎无人目睹呢？即使有，它是九个鼎，还是一个鼎呢？这些问题都值得我们认真地去加以考察和研究，也很值得我们去思索。

“九鼎”是与大禹直接相关的，因此，在正式研究九鼎之前，我们先要较为详尽地介绍一下中华历史上建有巨大功业的大禹其人，这对我们来说，也许是很有必要的吧！

大禹的功业实在伟大得很，如果要归一归类的话，大致可归为四类：一是治水，这是众所周知的，可以说，没有大禹领导下的治水工程，也就不会有中华民族的繁荣昌盛；二是“令益予众庶稻”，这是件很大很大的事。中国是以农立国的国家，不搞农业怎么行？搞农业而不种稻子又怎么行？三是道德建设，他自己就是个榜样，"声教讫于四海"，能想到这一点就了不起；四是又一次巡行全国，进行行政区的划定，这就是"九州"。到这时，才能够说是大功告成。

九州是与九鼎紧相关联的，因此，我们有必要对九州问题作一点分解。据《史记》记载，大禹是一面巡行一面进行行政区的划定的。"禹行自冀州始"，这是个入海处，然后是沇州（兖州），青州，徐州，扬州，荆州，豫州，梁州，雍州。然而，这九州本身也是个远古的历史之谜。九州的地域划分怎样？人们只能说出个大概来，具体的谁都说不清。更为重要的是，是怎样的九州？也有争议。《书·禹贡》作上述的九州（《史记》的说法是据《禹贡》的），而在《尔雅·释地》中却有幽、营两州而无青、梁两州；另外，在《周礼·夏官》中有幽、并两州，而无徐、梁两州。这样，在九州中实际上有五州成了疑案。后来屈原在《离骚》作了十分聪明而得体的处理，把九州统称为全中国，有诗云："思九州之博大兮，岂唯是其有女？"这样一来，许多具体的问题都解决了。后世的人们大多都是这样使用"九州"这个词儿的，龚自珍的"九州生气恃风雷"句，也正是从"全中国"的意义上来理解"九州"的。

因为"九州"与"九鼎"关系特别的密切，因此我们就多说了几句，下面我们就来讨论"九鼎"的问题了。

"九鼎"是神州重器，那是毫无疑问的。但它的来龙去脉却很值得研究。相传，夏禹治水成功后，就着手于"九州"行政区的划分及建设，接着就开始铸"九鼎"。这里首先要说的是铸了没有？是想铸"九鼎"，还是真的铸了"九鼎"？这看来一时也说不清。

想不想铸鼎问题似乎不存在，因为"鼎"在当时人看来事关国计民生，又是国家政权和权力的象征，这个“鼎”是非铸不可的。我们怀疑其是否真的铸了，出于三方面的考虑：一是当时大概铜器刚刚被发明出来，用那么多的铜去铸“鼎”不知是否可能，群众的心理上也不知是否通得过；二是当时交通不发达，要从九州把铜运来，然后铸造加工，看来困难不小；三是历代的统治者都把九鼎看成是“传国之宝”，可谁也似乎没见到过这宝贝。

如果是真铸了，还有个怎么理解“九鼎”之“九”的问题。照字面讲，“九鼎”就是九个鼎的比较简约的说法。一般的说法是，禹动员九州的人们把各州的铜都运一点到都城来，于是就铸成了九个鼎。在鼎上，铭刻上大禹通过巡行了解的山川地形。如果真是这样，那么，九鼎上刻的就是我国最原始的、也是第一幅全国的地形图了。

但是，有些专家对“九鼎”之“九”又作出了新的解释，以为在当时铜资源并不多的情况下，大约是只铸了一个大鼎。既然是一个大鼎，为什么又叫做“九鼎”呢？专家们作了解释，说因为铜是由九州进贡的，代表了九州人的心愿，因此还是叫“九鼎”。这当然也是讲得通的。

“九鼎”的历史命运也是个难解的谜。“九鼎”初铸时，中国社会还处于原始社会时期，鼎的主要意义在于祭祀鬼神，并向周边邦国显示实力，后来进入阶级社会后它就完全成了国家政权的象征了。大禹之后，“鼎迁于夏商”，之后，又为周所据有。周亡后，情况就复杂了。一说是：“其后百二十岁而秦灭周，周之九鼎入于秦。”这当然是可能的。但是，同一个太史公，同一本《史记》，又说，周亡后，“周鼎亡在泗水中”，“鼎乃沦没，伏而不见”。之后，多少人都去找过“九鼎”，可谁也没有发现过。

秦汉两朝的找鼎风潮时起时伏。秦始皇是有雄才大略的，他统一了全国以后，当然是很想获取“九鼎”的。一次，他让人到泗水里去打捞“九鼎”，差一点是捞到了，可是在这骨节眼上，打捞用的绳子断了，结果没有捞到。有人叹道，这就是历史的命运。汉初诸帝忙于恢复经济和平定叛乱，顾不上那宝鼎。到了汉文帝时代，一切都变了，国力强盛，社会平稳，文帝就又想起了“九鼎”。这时有个叫新桓平的，先是献玉杯，在玉杯上刻“人主延寿”四字，后又说在黄河边汾阴处可有“九鼎”出。不久，新桓平的阴谋被识破，文帝也再无兴趣找“九鼎”了。武帝登极后，四出巡游，目的之一就是寻找“九鼎”。公元前116年，有人在地底下发掘到一只刻有让人看不懂的文字的宝鼎。汉武帝叫内行的人看了看，说是真东西，于是便改元为“元鼎”，但武帝从来没告诉过人是不是“九鼎”。看来不像是，不然不会不几年又改元为元封了。从这以后，就再少有人提起“九鼎”的事了。当然，人们的心里还是想的，只是不敢贸然提出罢了。

“宝鼎出而与神通”，在中国人的心目中，宝鼎是兴盛的象征。《史记·封禅书》中说：“昔泰帝(太昊)兴，神鼎一。一者，一统，天地万物所系终也。黄帝作宝鼎三，象天地人。禹收九牧之金，铸九鼎。”这说明宝鼎不只大禹时有，黄帝、泰帝时代都有。只是人们不容易得到罢了。

宝鼎是神州重器，据说，它是“遭圣则兴”的。这就进一步告诉我们，它不只是一件无价之宝，更是一件吉祥物。那一个得到了它，就能吉祥如意。记得新世纪到来的时候，我们给联合国送去了“世纪宝鼎”，这是怎样一种祝愿呢？想必我们每一个智力正常的人都能理解的。

夏商周断代工程 中国古文明起始的“履历表”之谜

中国号称有5000年文明史，然而，有确切纪年的还不足3000年，这不能不说是世界古文明研究中的一大憾事。一位历史学家对此沉重地说：“年代之于历史，就如同骨骼之于人一样。要想让历史老人站立必须搞清它的年代。”在政府的大力支持下，1996年5月，“夏商周断代工程”正式启动，来自历史学、文献学、古文字学、考古学、天文学和测年技术等学科的200余位专家学者，组成了9个课题、44个专题，围绕夏商周纪年，进行了多学科交叉研究。经过五年的持续努力，取得了一系列成果，《夏商周年表》的正式公布，一下把我国历史纪年向前延伸了1200多年。

经过一年多的准备，1996年5月，中国国务院正式批准了由历史学家李学勤、考古学家李伯谦、碳14测年专家仇士华和天文学家席泽宗四位首席科学家提出的可行性论证报告。“夏商周断代工程”全面正式启动，“工程”的具体目标为：

一、西周共和元年（公元前841年）以前各王，提出比较准确的年代；

二、商代后期武丁以下各王，提出比较准确的年代；

三、商代前期，提出比较详细的年代框架；

四、夏代，提出基本的年代框架。

对西周列王年代的推求，共和元年（公元前 841 年）是一个基点。传世的西周青铜器，有些铭文记有铸器之年、月、日和记时词语“四要素”，但周人习惯，记时而不记王，这使研究者常叹难以措手。为使青铜器在有效范围内进行研究，“工程”选择了西周初期两个重要遗址进行考古学文化分期研究。一是作为燕国早期都邑的北京房山琉璃河燕国遗址，遗址的 1193 号墓主是周成王所封之第一代燕侯。二是作为晋国早期都邑的山西曲沃的天马一曲村遗址，遗址见有第三代晋侯以下的 8 位晋侯夫妇的大墓，是资料最全最系统的一处周代诸侯墓地。两个遗址的测年数据，可以为推断西周始年提供应有的依据。历法学家对《春秋》《左传》中历法资料作了研究，归纳出春秋历法的月首，建正、置闰、改元等若干规则，并由此上推西周历法的概貌。继而，铜器专家以严格的考古学类型学方法，对 51 件“四要素”俱全的铜器进行断代研究，排定大致前后顺序，并根据历法原则进行天文计算。

在历史学家，考古学家，青铜器专家，天文学家等专家学者的通力合作下，从中确立了宣王十八年（公元前 810 年）、懿王元年（公元前 899 年）、成王元年（公元前 1042 年）等七个年代点，由此推算，奠定了西周列王的年代基本格局。

武王克商之年，是商、周的分界。确定这一年代，就可以安排西周王年，并上推商年和夏年，因而是三代年代学的关键。学界历来对此十分关注，已提出了 44 种看法，最早为公元前 1130 年，最晚为公元前 1018 年，前后相差 112 年。

1997 年发掘的长安县沣西 18 号灰坑，为求得克商之年提供了重要佐证。史载，周文王受命后第 6 年，迁都于沣河之西，次年卒，数年之后，武王伐纣，可见，沣西是克商前后周人都邑之所在。18 号灰坑属于先周文化的晚期举位，其上叠压着西周初期的文化层，两者的交界，可以作为考古学上划分商、周文化的界限。经测年，所得克商年代范围在公元前 1050 年到公元前 1020 年之间，将克商范围从 112 年缩短到 30 年。

在上述克商范围内，专家们对文献和出土资料中的天象记录进行天文推算，得到公元前 1046 年、公元前 1044 年、公元前 1027 年三个克商年方案。其中公元前 1046 年与文献、金文历谱、出土材料大致符合，因此被选定为首选的克商之年。

史学界以盘庚迁殷为标志，把商代历史分为前、后两期。在商后期年代研究中，充分运用了甲骨文资料。在商王武丁与祖庚时期的宾组卜辞中，有五次月食记录，每次都记有干支。甲骨学对五次月食的先后顺序进行了论证，取得了共识。然后，天文学家对五次月食的年代作了回推，发现在公元前 1500～公元前 1000 年间，既符合卜辞干支，又符合月食顺序的年代只有一组，《尚书》说武丁在位 59 年，专家推定为公元前 1250 年～前 1192 年。

据《竹书纪年》，商后期的积年为 273 年，克殷年定为公元前 1046 年，那么，盘庚迁殷年应为公元前 1318 年。又因武丁元年定在公元前 1250 年，则武丁以前四王有 68 年。据古本《竹书纪年》，武乙 35 年，文丁 11 年。又据商末周祭祀谱，帝乙为 26 年，帝辛为 30 年。以上总计不少于 229 年，则祖庚、祖甲、廪辛、康丁四支总共不多于 44 年。

同样运用综合手段，经过努力，建立起了商前期和夏代年代的框架。

"断代工程"夏代年代学研究按考古学、文献学、天文学三条技术路线进行。在文献资料方面,司马迁的《史记·夏本纪》和出土于战国时期魏襄王墓中的《竹书纪年》中都说:夏代禹传至桀,经历 14 世 17 王,共 400 余年,那是可信的。

考古工作者在文献记载的夏人活动的主要区域——河南省西部和山西省南部,进行了大量考古勘察和发掘工作。在对河南偃师二里头夏文化遗址的发掘和再次发掘中,发现有上下 5 期连续叠压的文化遗存,时间跨度为 520 年。大多数专家认为,二里头文化 1 至 4 期都是夏代主体文化。后来,又对河南嵩山以南登封告成镇相传夏禹所居的阳城遗址,以及禹县相传夏启所居的阳翟遗址进行了发掘,获得可测年样品 2000 多件,为探索夏文化起源提供了十分重要的依据。

《尚书·胤征》篇中有关夏代仲康日食的记载,是世界上最早的日食记录。"断代工程"对夏文化中心洛阳地区在公元前 2250 年至公元前 1850 年共 400 年间可见日食进行普查性计算,再考虑文献记载中仲康日蚀发生在"季秋"等因素,筛选出 4 个可能年代数据,作为夏初年代参考。《墨子·非攻下》有禹伐三苗时曾出现"日妖宵出"的怪异天象的记载,古本《竹书纪年》则释为"日夜出,昼日不出"。学者们认为,所谓"日夜出"可能是指傍晚时分发生日食。当日食发生时,日食带东端点附近看到的是"天再昏"现象,日食带西端点看到的是"天再旦"现象。经研究,禹伐三苗地点在今湖北江汉平原一带。"断代工程"结合这一地区当时可能出现的"日夜出"天象进行推算,获得了一组参考数据。再与文献、考古方面的研究成果综合对比,最后推定夏王朝的始年应在公元前 2070 年。

经过近 5 年的努力,到 2000 年年底,《夏商周年表》终于问世了。

夏代年表:

禹、启、太康、仲康、相、少康、予、槐、芒、泄、不降、扃、廑、孔甲、皋、发、癸

公元前 2070～前 1600 年

商前期年表：

汤、太丁、外丙、中壬、太甲、沃丁、太庚、小甲、雍己、太戊、中丁、外壬、河亶甲、祖乙、祖辛、沃甲、祖丁、南庚、阳甲、盘庚(迁殷前)

公元前 1600～前 1300 年

商后期年表：

盘庚(迁殷后)	公元前 1300 年	
小辛	|	在位 50 年
小乙	前 1251 年	
武丁	前 1250 年～前 1192 年	在位 59 年
祖庚	前 1191 年	
祖甲	|	
廪辛	|	在位 44 年
康丁	前 1148 年	
武乙	前 1147 前～前 1113 年	在位 35 年
文丁	前 1112 年～前 1102 年	在位 11 年
帝乙	前 1101 年～前 1076 年	在位 26 年
帝辛(纣)	前 1075 年～前 1046 年	在位 30 年

西周年表：

武王	公元前 1046 年～前 1043 年	在位 4 年
成王	前 1042 年～前 1021 年	在位 22 年
康王	前 1020 年～前 996 年	在位 25 年
昭王	前 995 年～前 997 年	在位 19 年
穆王	前 976 年～前 992 年	在位 55 年

		（共王当年改元）
共王	前922年～前900年	在位23年
懿王	前899年～前892年	在位8年
孝王	前892年～前886年	在位6年
夷王	前885年～前878年	在位8年
厉王	前877年～前841年	在位37年
		（共和当年改元）
共和	前841年～前828年	在位14年
宣王	前827年～前782年	在位46年
幽王	前781年～前771年	在位11年

从历史年代学上公认的共和元年为公元前841年，到推断出夏王朝的始年应在公元前2070年，中国历史纪年一下向前延伸了1229年。这无疑是一个伟大的成果，无论如何，《夏商周年表》作为20世纪历史年代学上的最后也是最重大的成果，必然成为21世纪中国古文明研究的起点和基础。

后　记

好像一切都还在眼前。一年前的一天，文汇出版社副总编辑、我的大儿子陈伟回到家后，对我扬了扬手中一只颇为硕大的纸质文件袋，说："爸，这个题目你会感兴趣的，我给你从网上下载了点资料，你写吧！"我看了看文件袋封皮上陈伟亲自手书的《中国远古文明之谜》几个字，欣然承诺了。

晚上睡到床上，就觉得有点怪。陈伟以当时文汇报社第一个研究生的高学历供职于文汇出版社已十四五年了，是从来也不让我这个当父亲的为他写点什么的。他老实而持重，真诚而少私心。他是怎么也不愿意因为让家人在自己出版社写东西而授人以口实的，而况他知道父亲又不是没有地方可以发表东西。我理解他。知子莫如父么！但是，现今为什么在让我写了《名言佳句集成》后，又接连着让我写这样一本书呢？当时觉得有点奇怪，有点纳闷，但没多去想它。

没多久，对我和我的家庭来说山崩地裂般的事发生了：陈伟一下被病魔击倒了，半年后竟至于离我们而去，青春仅仅三十又七啊！在巨大的悲痛中，我又想起了他突然让我写这本书一事，又忆及当时他把硕大的纸质文件袋递给我时的恳切而沉重的表情，忆起他那欲言又止的神态，我猛然省悟：难道当时他已感觉到自己的不久于人世？以至于想以此书来作为对父母养育之恩的些许报答？

后来本书的许多篇章是在陈伟的病床边完成的，他还发表了不少自己的十分中肯的看法，还说，病好起来，他要当这本书的责编。陈伟不幸亡故后，在巨大的悲痛中，我努力把这本书写了出来。作为我们父子之间的第一次也是最后一次的文字合作的一个果实，我是看重它的。文章千古事，不管怎样，文字是可以留之久远的。日后，我，我的家人，陈伟的现尚年幼的孩子，只要捧起这本书，陈伟也就如在身边了。他是没有白活的，他的真诚，他的无私，他的刻苦自励，是会永远活在家人，同事，以至于知他爱他的人们心中的。他留存于世的数十万言的文字，也会让人时时忆起他这个早夭而有为的人的。

这本书的出版，我是要十分地感谢出版社的领导的。他们怀着怎样一种感情，我也是清楚的。本书的责任编辑为此也出了很大的气力。陈伟如泉下有知，也会感到宽慰的吧。作为家人，让我在此真诚地道一声：谢谢！

陈伟已离开我们整整一年了，此书的出版，算是周年祭吧！

2003 年岁末，于浦东金桥寓所